전두환 오판시대

김제방 역사서사시집

문학공원 시선 185

전두환 오판시대

김제방 역사서사시집

대한민국 역사를 보여주는 詩

국가적 불행인 1979년 10·26사태
이후 국민 모두가 가슴아파하면서
하루속히 수습되기를 두 손 모아 빌고 있었다
이때 전두환 중심의 신군부가 12·12사태를 일으키면서
전국시대(戰國時代)를 방불케 하는 정치실험이 시작되었다
광주에서 1980년 5·18유혈사태가 발생해
힘을 바탕으로 한 신군부의 과잉진압이 물의를 빚었다

문학공원

서 시

국가적 불행인 1979년 10·26사태
이후 국민 모두가 가슴아파하면서
하루속히 수습되기를 두 손 모아 빌고 있었다
이때 전두환 중심의 신군부가 12·12사태를 일으키면서
전국시대(戰國時代)를 방불케 하는 정치실험이 시작되었다
광주에서 1980년 5·18유혈사태가 발생해
힘을 바탕으로 한 신군부의 과잉진압이 물의를 빚었다
1987년 6·10항쟁으로 호헌 개헌 등 진통을 겪으면서
전두환 대통령은 퇴임 후 백담사로 피신하는 신세가 되었지만
그 후 죄 값을 톡톡히 치르고
40년이 지난 2020년 5·18현재에도 전범(戰犯) 취급을 당하고 있다
참으로 답답한 일이 아닐 수 없다

2020년 늦가을

김 제 방

CONTENTS

1부
열려라 5·18 진실의 문

2부
주사위는 던져졌다

CONTENTS

3부

윗논에 물 실어놓고

4부

평화적 정권 교체

CONTENTS

5부
끝나지 않은 전쟁

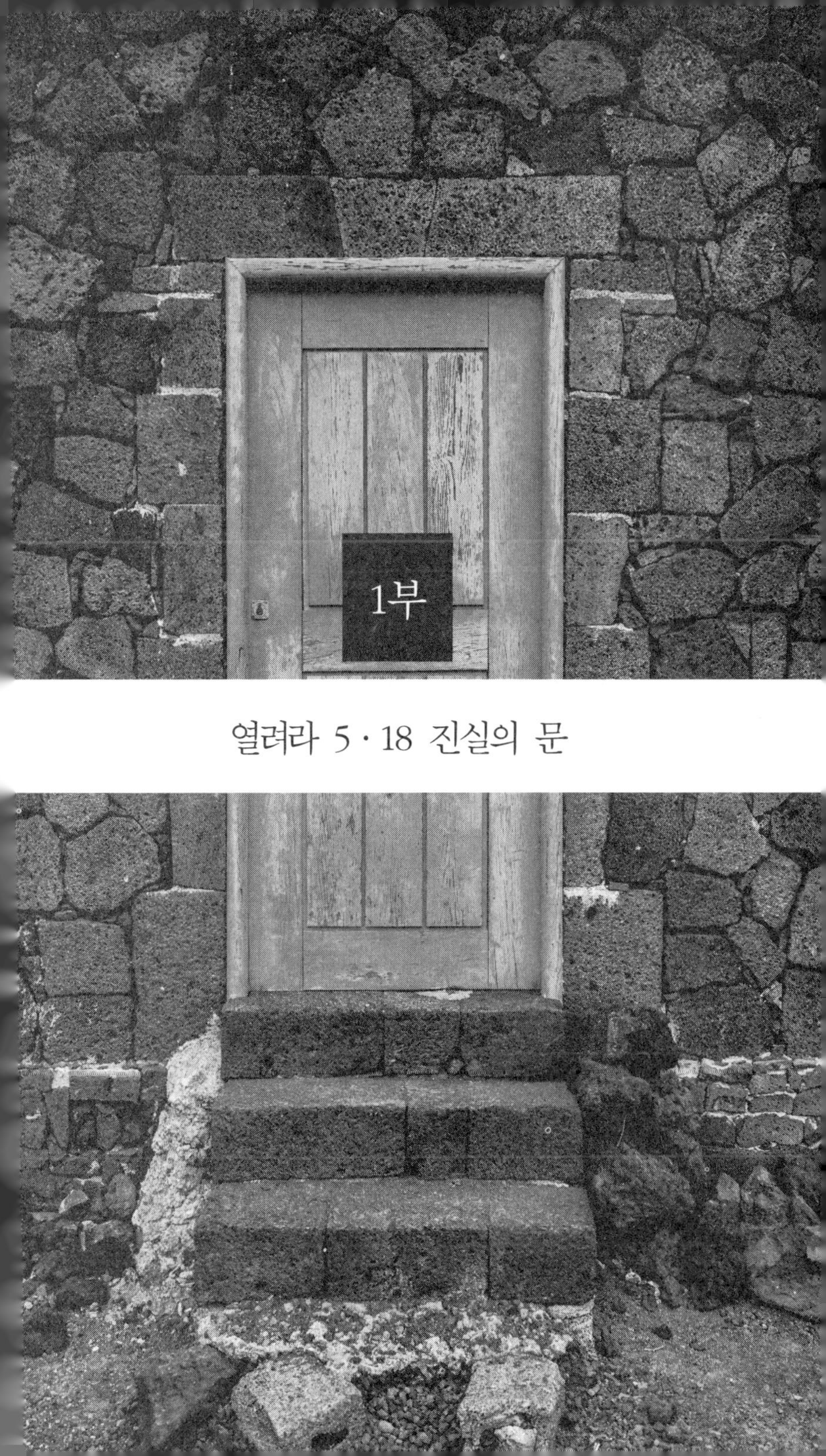

1부

열려라 5 · 18 진실의 문

5·18, 40주년

문재인 대통령은 2020년 5월 18일
5·18민주화운동 40주년 기념식에서
“진실이 하나씩 세상에 드러날수록
마음속 응어리가 하나씩 풀리고
우리는 그만큼 더 용서와 화해의 길로
가까이 갈 수 있을 것”이라고 했다
문 대통령은 “발포 명령자 규명과
계엄군이 자행한 민간인 학살과
헬기사격의 진실과 은폐·조작 의혹과 같은
국가 폭력의 진상은 반드시 밝혀내야 할 것”이라고
덧붙였다
옛 전남도청 건물 앞에 조성된
5·18민주광장에서 열린 이날 기념식에서
문 대통령은 진상규명의 중요성을 재차 강조했다
“처벌이 목적이 아니다
이제라도 용기를 내 진실을 고백한다면
오히려 용서와 화해의 길이 열릴 것”이라고 했다

비폭력 평화운동

중앙일보 사설은
5·18은 1980년 신군부의 쿠데타에 맞서
온몸으로 민주주의를 지켜낸 광주 시민들의
비폭력 평화운동이라 쓰고 있다
세계민주주의 역사에 기록될
소중한 유산이라고도 했다
신군부는 학생·시민들의 평화시위를 무자비하게 진압했고
이때 사망·부상·행방불명 등 7,200여 명이 희생됐다
지금까지도 치유되지 않고 있는 비극적 사건이다
공권력에 의해 무고한 시민들이
희생됐다는 점에서 한국현대사의 오점이기도 하다
5·18희생자들은 한때 폭도라는 오명을 쓰기도 했으나
김영삼 정권 때인
1995년 5·18민주화운동 등에 관한 특별법을 제정
민주화운동으로 인정됐고
이 법에 의해 12·12쿠데타 주역들이 처벌됐다
1997년엔 국가기념일로 지정되었고
2001년 5·18민주유공자 예우에 관한 법률이 제정되면서
유공자 예우를 받게 됐다

더불어민주당

더불어민주당이 5월 18일 광주에 총집결해
5·18정신 계승을 강조했다
계엄군의 헬기 사격에 의한 탄흔자국이
건물기둥과 바닥에 선명하게 남아 있는
광주 동구 전일빌딩에서 현장 최고회의를 열었다
이해찬 대표는 먼저
"총선에서 민주당의 승리는
바로 민주주의의 승리이며
촛불혁명의 승리이고
5·18광주민주화운동 역사의 승리"라고 말했다

미래통합당

미래통합당도 광주를 찾았다
주호영 원내대표는 기념식에서 주먹을 흔들며
'님을 향한 행진곡'을 적극적으로 따라 불렀다
5·18묘지를 방문해서는
"통합당은 5·18정신에 기반해 자유민주주의를 수호
하고
국민통합을 이뤄가는 데 앞장서겠다"고 밝혔다
5·18관련 3단체 간담회에선
"민주화운동의 성격이나 권위에 대한 평가는
이미 정리됐다 간혹 딴소리를 해서
마음의 상처를 드린 분들이 있는데
그분들이 잘못됐다"며
당의원들의 과거 발언을 사과했다

5·18 진실-고백-용서-화해

2020년 5월 19일 문 대통령은 청와대 참모들에게
'고백과 용서'의 의미를 재차 설명했다
공소시효나 처벌과 무관하게
5·18의 진상을 규명해야 한다는 것과
남아프리카공화국의 진실화해위원회 모델을
고려한 것이란 설명이다
청와대 핵심관계자는
"전두환 측근이었던 민정기 비서관은
'뭘 사과해야 할지 모르겠다'고 말했고
지만원씨는 여전히 5·18이
'폭도들에 의한 폭동'이라는 취지의 주장을 했다"며
"진실을 고백할 움직임도 보이지 않고
역사왜곡과 음해가 일부에서 지속되는 상황"이라고 지적했다
5·18진상규명에서도 '가해자'가 먼저 고백해야
진상과 실체적 진실에 더 가까이 갈 수 있다는 게
청와대의 인식이라고 했다

산 너머 산

삼성서울병원 의료진과
한국과학기술 직업전문학교 재학생 등 4명이
코로나 확진판정을 받으면서 비상이 걸렸다
5월 20일 고3 첫 등교를 하루 앞둔 시점
이어서 집단감염에 대한 우려가 나오고 있는 가운데
위안부 앵벌이로 호화생활을 했다는
정의기억연대(정의연) 이사장 출신
윤미향 더불어민주당 당선인에 대해
"팔아먹을 게 없어서
위안부 할머니들 이름을 팔아먹고
해결도 되기 전에 국회의원이 되는 게
말이 되느냐"는 등
안성의 쉼터 운영이 일파만파로 번져가고 있다

하루 확진자 10만명

5월 20일 WHO 사무총장은
하루 동안 코로나19 확진자 수가
역대 최고치인 10만 6천명 늘었다"며
우리는 이 펜데믹(대유행) 속에 아직 갈 길이 멀다
특히 빈곤국 중진국의 확진자가 늘고 있는 것이
매우 우려스럽다"고 강조했다
거브러여수스 사무총장은
특히 미국 유럽 등 상대적으로
부유한 국가들이 봉쇄조치를 완화하며
단계적으로 경제 재개에 나서고 있는 반면
빈국은 코로나19가 급증하고 있다고 우려했다
확진자 증가세가 가장 빠른 곳은
남미나 브라질은 하루 확진자 수가 21,472명 증가해
1일 확진자 수 최고치를 경신했다
브라질 확진자 수 293,357명으로
스페인 영국 이탈리아 등 유럽국들을 앞서면서
미국 러시아에 이어 세계 3위에 올라있다

문제는 소주성

문재인 정부의 '소주성' 정책은
저소득층에 더 가혹한 코로나19로
올해 1분기 소득 하위 20%와 상위 20% 가구의
빈부격차가 더 커졌다는 통계다
코로나19 탓만 할 수도 없다
꾸준히 이어져 온 흐름이라고 한다
저소득층의 소득을 늘려 경제성장의
선순환을 만들겠다는 문재인 정부의
'소득주도 성장' 정책에도
소득 불평등은 더 심해졌다는 것이다
"코로나 만난 소주성 양극화 깊어졌다"라는
평가가 나온다

미·중 신냉전

코로나19 팬데믹(세계적 대유행)으로 불붙은
미국과 중국의 갈등이 노골화하면서
'신냉전 체제'가 구축되고 있다
미국은 백악관이 중국 패권 추구를
강력히 비난하는 공식 보고서를 내놓으면서
한국 등 동맹국에는 '중국 고립'에
동참해달라는 압박 수위를 높이고 있다
중국도 강력히 맞서 싸우겠다는 의지를 다지는 등
미·중은 코로나19 책임 공방을 넘어
본격적인 패권경쟁에 들어가는 양상이다

5·18트라우마

다시 5월이 왔다
그동안 몇 개의 법이 신설되었고
여러 명의 대통령이 추모식에 참석 했지만
달라진 건 없다
진실과 거짓은
40주년이 된 올해도 충돌하고 있다
그럴싸한 모습으로 치장한 거짓은
사람들의 이목을 사로잡는다
맞은편엔 체념과 슬픔이 쌓인 진실이 서 있다
과거를 부정하는 거짓의 탐욕을 멈춰 세울
국민적 합의를 찾아 나설 때라는
중앙일보 분수대의 한탄스런 말이다

위안부 운동

지난 30여 년간 한국위안부운동의 중심에 있던
정의연과 윤미향 전 이사장을 둘러싼
의혹이 연일 불거져 나오고 있다
풀어야 할 정의연
의혹이어야 할 위안부 운동이라는
언론의 고민을 목격하면서
차제에 이 운동이
우리사회에 기여하는 바가 무엇인지를
고민할 때가 된 것 같다
대다수 국민들이 지루하게 느끼고 있다
요즘 짜증나는 일이 어디 한두 가지던가

30년간 이용당해

일본군 위안부 피해자 이용수 할머니가
정의연의 기부금 사용 의혹에 대해
5월 25일 "재주는 곰이 부리고
돈은 정의연이 받아먹었다"며
"죄를 물어야 한다"고 비판했다
할머니는 대구의 한 호텔에서
1시간가량 기자회견을 했다
할머니는 이 자리에서
무엇보다 정의연 이사장이었던
윤미향 더불어민주당 당선자에 대해
"할머니를 이용해 먹었다"라며
불만을 강하게 드러냈다
이 할머니는 5월 7일에도 대구에서 기자회견을 열고
정의연이 위안부 문제를
"30년간 속을 만큼 속았고
이용당할 만큼 당했다"며
정의연이 모은 기부금을
피해자들을 위해 쓰지 않았다고 주장했다

전시재정 선언

문재인 대통령이 5월 25일
국가재정 전략회의에서 전시재정(戰時財政)을 주문했다
문 대통령은 "전시 재정을 편성한다는 각오로
정부의 재정 역량을 총동원해야 한다"며
"재정이 경제위기의 치료제이면서
포스트코로나 이후 경제체질과 면역을 강화하는
백신 역할까지 해야 한다"고도 했다
신종 코로나바이러스 감염증(코로나19) 위기를
나랏돈으로 대응하겠다는 방침도 분명히 했다

KAL기 폭파 재조사

1987년 11월 이라크에서 서울로 향하던
대한항공여객기가 인도양 상공에서 실종돼
승객·승무원 115명이 전원 실종된 사건을
21대 국회 개원을 앞두고
더불어민주당이 전방위 과거사 규명 드라이브를 걸고 나오자
"권력의 힘자랑"이라며
미래통합당 조해진 의원이 반발하고 있다
정부는 1987년 사건 직후와
2007년 국정원 진상조사 등을 통해
북한 공작원 김현희에 의해
여객기가 공중폭파 됐다고 결론 내렸다
유가족 등은 김현희 진술 외에
북한의 소행으로 볼만한
명확한 물증이 없다고 주장해 왔다
이 사건의 진상조사가
노무현 정부에서 이뤄진 것과 관련해
설훈 최고위원은
"전두환·노태우 정권이 갖고 있던 여력이
여러 곳에서 작용했다고 봐야 한다"며
재조사 필요성을 주장했다
앞서 여권은 5·18광주민주화운동과

한명숙 전 국무총리 뇌물 수수 의혹 등에 대해서도
진상규명 혹은 재조사를 거론했다
문재인 대통령은 5월 18일 40주년 5·18 기념식에서
"남겨진 진실을 낱낱이 밝힐 수 있도록
지원을 아끼지 않겠다"고 밝힌 바 있다
5·18진상규명위원회는
12일 본격적인 조사 활동에 돌입해
시위대를 향해 발포를 명령한
최종 결재권자 규명과 사망자 전수조사 등
7가지를 1차 조사 대상으로 선정했다
이런 가운데 현충원 파묘(破墓) 주장까지 나와
논란이 확산되고 있다
친일파를 현충원에서 파묘하겠다는 것이다
민주당의 드라이브는 일본강점기와
1980년대 최근 판결까지 전방위적이다
대부분 보수정권에서 벌어진 일로
재조사만으로도 '보수=적폐'라는
프레임을 이어가는 데
효과적인 수단이 될 수 있다는 게
정치권의 분석이다
민주당의 한 재선의원은
"역사를 바로잡고 이제라도 진실을 밝히는 것은
집권당의 책무"라며
"특히 21대국회 개원에 발맞춰 재조사가 시작되면
그 의미가 한층 빛을 발할 수 있다"고 말했다

그러나 일각에선
국면전환을 노린 포석이라는 분석도 있다
오거돈-윤미향 사태로 여권이
수세적 국면으로 몰린 상황인 때문이다
그러나 민주당 내에서도
"동시다발적인 재조사 요구가 '퇴행'으로 비칠 수 있다"는 우려가 나온다

현승종 총리 별세

노태우 정부 시절 중립내각의
현승종 총리가 5월 25일 별세했다
향년 101세,
한림대 총장으로 재직 중이던 고인은
1992년 10월 민자·민주·국민당으로부터
중립내각 구성을 일임 받아 총리가 돼
5개월이 안 된 짧은 재임기간이었지만
시끄러웠던 정국을 가라앉히고
대선을 치러낸 것으로 평가받고 있다
총리에서 물러난 뒤
1993년 대규모 부정입시 사건으로
공석이던 건국대학교 관선이사로 파견됐었다

진실과 화해

이 땅엔 5·18에 대한 분노와 부채의식으로
생각과 운명이 달라진 사람들이 너무나 많다
문재인 대통령도 취임 첫해
"광주의 진실은 저에게 외면할 수 없는 분노였고
아픔을 함께 나누지 못했다는 크나큰 부채감"이라고 했다
그러면서 "그것이 이 자리에 서기까지
성장시켜준 힘이 됐다"는 대통령처럼
부모의 원수를 갚기 위해
평생 칼을 품고 산다는 우리민족이다

광주 민주항쟁을 기록한
'죽음을 넘어 시대의 어둠을 넘어'
2017년 개정판엔
"세계의 학자들은 5·18 민주화운동을
과거청산의 대표적인 모범 사례라고 말했다"고 나와있다
남미·남아공 등지에선
과거청산작업이 부분적으로밖에 이뤄지지 않은 반면
한국에선 진상규명·책임자처벌·명예회복·피해보상
기념사업 등 광주문제 해결 5원칙이
모두 관철됐다는 평가다

그럼에도 새 5·18진상위원회가 출범해
출범 선언문대로 신념과 다른 사실이 발견되면
주저 없이 사실 앞에 무릎 꿇기 바란다
진실 확인을 통해 보통 통합도 아닌
'정의로운 국민통합'을 강조하는 것을 보면
원하는 답이 정해져 있는 게 아니냐는 걱정들을 한다
그러면서 송선태 위원장은
발포 명령자로 전두환 조사를 시사했다
단기기억상실 증세가 있다는 그가
진실을 고백할 것을 예상해
일각에선 미국 백악관 책임을 거론한다
어쩌면 우리는 1980년대 같은 반미운동 속에
2022년 대선을 치룰 수도 있다고
동아일보 김순덕 칼럼은 말하고 있다

뉴딜정책

1930년대 대공황을 이겨내기 위해
시행한 뉴딜정책
실제로 루스벨트는 경제를 살리려면
재정을 쏟는 것뿐 아니라
시장의 틀을 바꾸는
새로운 사회협약(New Deal)이 필요하다고 했다
뉴딜정책은 테네시강 유역 개발 등
사회간접자본을 건설하고
공공일자리를 만드는 것만이 아니었다
노동조합의 권한을 강화하고
부자에 대한 세금을 최고 79%로 올렸으며
금융규제를 높이고 연금 등 사회보장제도를 만들었다
그는 우리나라에서 말하는 강남좌파였다
부유한 귀족가문에서 자랐지만
사업가와 노동자 사이에
힘의 균형이 필요하다고 생각했고
정부가 개입해 부의 분배를 촉진하려고 했다
이 정책이 대공황을 극복하고
미국의 중산층을 두텁게 해
그 후 50년간 미국의 번영을 이끌었다는 평가다
공황으로 국민들의 삶이 비참해진
독일과 이탈리아에서 파시즘이 득세하고

공산주의 세력이 커지던 시기에
미국은 자본주의를 지켰고 전쟁에서 이겼다
코로나19가 초래한 경제 위기를 맞아
정부가 '한국형 뉴딜'을 추진하고 있다
세계 산업 지형에 변화가 예상되는 데다
일시적인 경기부양을 넘어
미래 먹거리까지 마련하려면 첨단산업을 선점해야 한다
그런데 정부 당국자들의 말 속엔 사회개혁은커녕
종합적인 철학이 보이지 않는 게 중론이다
지금이 최첨단을 걷고 있는
삼성의 이재용 부회장을 불러다가
경영승계나 따질 때인가
최소한 앞과 뒤는 가릴 줄 알아야 할 것이다

진보 위기 올 수도

"진정한 진보라면 정의연 사태 이후 치열한 반성과 성찰을 했을 것이다 그런데 진보를 자처하는 이들은 윤미향 당선인을 사수하기 위해 흑백구도로 끌고 가는데 몰두하고 있다 심지어 위안부 피해자인 이용수 할머니까지 표적으로 삼았다"

한상진 중민재단 이사장 겸 서울대명교수가
5월 27일 정의연과 윤미향 민주당 당선인
논란에 대해 한 말이다

"김대중·노무현 정부 때만 하더라도 진보진영은 국가 혹은 정치권력과 거리를 둔 채 견제자를 자처했다"며 "반면 최근엔 국가 권력과 자신을 동질화하는 경향을 보인다"고 지적하면서 "국가 권력과 같은 편이 된 진보 세력이 '자기 확신'으로 무장해 적군과 아군을 가르고 상대를 배척하고 있어 우려스럽다"고 했다

177석의 민주당을 향해선
"향후 진보진영의 '내부 비판'마저도 거칠게 내몰리는 상황이 오면 진보의 위기가 도래할 수 있다"고 전망했다

김대중과 임동원

김대중은 공직을 떠난 임동원을 주시했다
임동원은 노태우 정권 때
북방외교의 산물인 남북기본합의서 채택의 주역으로
김대중이 보기에 임동원은 정직하면서도 섬세했다
자신이 설립한 아태재단 사무총장에 앉히고 싶었다
1994년 말쯤 비서실장 정동채를 보내 의사를 타진했다
그러나 임동원은 김대중이 그냥 싫었다
빨갱이 과격분자 거짓말쟁이가 어른거려…
김대중은 집요했다
정동채는 세 번이나 찾아가야 했다
임동원은 슬쩍 김대중이 어떤 인물인지 알고 싶어졌다
1995년 새해 결국 동교동 집에 들어섰다
두 시간 동안
김대중은 자신이 구상하고 있는 통일방안 즉
햇볕정책의 핵심을 설파했다
임동원은 감동했다
십 수 년 동안 남북문제에 매달려왔는데도
이렇듯 고견을 지닌 인물은 없었다
저런 분이 대통령에 당선되었더라면…
임동원은 즉석에서 사무총장을 수락했다
김대중은 임동원을 얻은 기쁨을
"백만 원군을 얻었다"

“요조숙녀를 소도둑놈이 훔쳐온 격이다”
“그런 인물을 알아본 나도 대단하다”
임동원은 예상대로 아태재단 사무총장으로
‘김대중 3단계 통일론’ 완성에 매진했다
김대중과 임동원은 서로에게 의지했다
그러면서도 자신의 논지에 한 치의 양보도 없었다
최종 원고를 놓고
김대중은 남북연합-연방제-완전통일을
임동원은 화해협력-남북연합-연방제통일을 주장했다
결국 임동원은 김대중을 설득하지 못했고
1997년 12월 김대중은 대통령에 당선됐다
대통령 김대중은 곧장 북녘을 바라봤다
그 곁에 임동원이 있었다
그는 누구보다 대통령의 의중을 잘 읽었다
김대중은 정상회담을 앞두고
임동원을 북에 특사로 보냈다
김정일 국방위원장이 누군지
북측은 무엇을 원하는지 알아야 했다
임동원이 돌아오는 날
김대중은 관저에서 임동원을 기다렸다
특사는 밤늦게 청와대로 들어섰다 임동원은
김정일에 대한 인상을 말했다
“식견이 있고 두뇌가 명석하며 판단이 빨랐습니다”
김대중의 얼굴이 펴졌다
77세 대통령이 67세 특사의 손을 잡았다

김대중과 김정일은 임동원을 통해 얘기를 나눴다
임동원의 말과 표정 속에 김대중이 있었다
마침내 김대중의 햇볕에 김정일이 외투를 벗었다
2000년 6월 정상회담이 열려
'남북공동선언문'을 채택했다
해방 이후 남북정상이 서명한 최초의 문건이며
이를 실천에 옮긴 최초의 합의서였다

임동원은 외교안보수석비서관 국정원장 통일부장관
청와대통일외교안보담당특보로 대통령 곁을 지켰다
두 사람 사이에는 어떤 사(邪)도 없었다
"그를 만난 것은 나의 행운이었다"
2009년 1월 김대중의 일기에 쓰여 있었다
2009년 8월 김대중을 떠나보낸 후 임동원은
"행복했습니다 그러나 바칠 것이 눈물밖에 없습니다"

(이 글은 경향신문 김택근의 묵언을 요약한 것이다)

대전현충원 현판

국립대전현충원 '현충문' 현판이
2020년 5월 29일
안중근 의사 의거 110주년을 기념해 나온
'안중근체'로 교체되었다
안중근체는 안 의사가 자필로 쓴
'장부가' 한글 원본 자소를 발췌해 개발한 것이다
대전현충원은 현판교체 사실을
사전에 외부에 알리지 않고 진행했다
철거한 전두환 전 대통령 친필 현판도 폐기하지 않고
국가기록원에 보관할 예정이라고 한다
세계사에 나오는 공동묘지
어느 초라한 무덤 앞에 세워진 비석의
(詩)가 문득 떠오른다

"그런 눈으로 나를 보지 마라
너희도 곧 이런 신세가 되리니"

미스터 트롯 탄생

신종 코로나바이러스 감염증(코로나19)
확산으로 나라가 전 세계가 우울하고 답답할 때
트롯 경연대회가 열려 미스 트롯 진·선·미
송가인·정미애·홍자 등에 이어
미스터 트롯 진·선·미
임영웅·박영탁·이찬원이 탄생
TOP7 김호중·정동원·장민호·김희재 등의 활약으로
많은 위로가 되었다
마치 IMF 때 골프여제 박세리 탄생처럼

2부

주사위는 던져졌다

중동의 역사

우리가 살고 있는 지구상에는
어제와 오늘 그리고 내일도 끊임없이
인류라고 하는 이름의 주인공들이 엮어가는
웅대한 드라마가 있다
"역사라고 하는 드라마"
역사의 물결을 거슬러 올라가면
고대 오리엔트 역사에 도달한다
중동이라고 하는 사막지대에
나일강의 선물인 태양의 나라 이집트
비옥한 초승달 지대 메소포타미아의
티그리스 강과 유프라테스 강
그 주변에는 에덴동산·노아의 방주
함무라비법전이 있었고
오리엔트를 통일한 페르시아
페르시아 제국(이란)의 역사는
기원전 330년 경 몰락하고
세계의 중심은 동에서 서로 옮겨갔다

역사의 발상지

5대양 6대주의 세계
세계사의 발상지는 어느 주(州)일까?
아프리카주다
이집트가 아프리카주에 속해있다
중동은 아시아주와 아프리카주의 접경지대로
이집트·바빌론·페르시아 역사가 혼재해 있는 곳이다

로마시대

고대 오리엔트의 찬란한 문명은
시대의 영웅 알렉산더 대왕의 동서융합 정책으로
세계역사의 두 번째 막을 장식하는
고대 그리스 문명을 지나
헬레니즘 시대로 내려오다가
헬레니즘에 황혼이 깃들고
지평선 저쪽 또 하나의 거대한 세계
로마제국이 우뚝 솟아오르고 있었다
헬레니즘시대의 3개 왕국은
하나씩 로마에 정복되고
모든 길은 로마로 통하게 되었다

모든 길은 로마로

창과 방패를 휘두르는 사나이들
로마를 세계의 정상으로 올려놓은
시대의 영웅 케사르 또는 카이사르라고도 하는
시저(Caesar : BC100-44)
안토니우스(Antnius : BC82-30)
클레오파트라(Cleopatra : BC69-30)의 비극적 사랑이 있었다
폭군 네로의 광기와 끊임없는 박해를 받아가면서도
파고든 기독교도들의 집념
그 역사의 물결은 20세기 후반
인류의 위대한 번영을 구가하는
서구문명으로 발전하였다
인간은 미지의 세계에 도전하고
도전을 통해 신화를 낳는다
예술을 창조하고 문명을 탄생케 하고
역사를 남겼다
미래를 개척하여 꿈을 실현시키고
한 세대가 가면 다른 세대가 뒤를 잇고
생성과 성숙을 거듭한 그 물결을 타고
역사는 한없이 이어지고 있다

영웅들의 말로

마케도니아의 필리포스 2세가
비잔티움(이스탄불)을 칠 때
아테네는 필리포스 2세에게 선전(宣戰)했다가 패망했다
그때 기병대를 지휘 아테네군을 격파한
알렉산더의 나이는 18세였다
그리스를 정복한 마케도니아의 왕 필리포스2세가 암살되고
기원전 336년 왕위를 계승한 알렉사더(Alexander : bc356-323)는
약관 20세로 그리스의 반란을 전광석화 같이 진압한 그는
총사령관으로 헬레네스 동맹군을 이끌고 페르시아 원정길에 올라
이소스 강변에서 페르시아의 다리우스 3세를 격파하고
여세로 튜로스·시리아이집트·박트리아·소그디다나·아프카니스탄 펀잡 지방을 휩쓸고 개선하였으니
기원전 324년의 일로 세계의 역사가 바뀌었다

마케도니아·그리스·페르시아를 움켜쥐고
대제국의 제왕이기를 원했던 알렉산더는
동서인의 결합을 정책목표로
이민족간 합동결혼식을 거행하고

3년 전 박트리아 귀족의 딸 로크사나와 결혼한 알렉산더는
다리우스 3세의 딸과 결혼함으로써 헬레니즘시대가 시작됐다
알렉산더는 아라비아 반도를 돌아
페르시아만과 홍해를 연결할 계획으로
아프리카 해안을 따라 서진하여 카르타고 토벌을 시도하였다
아라비아 반도 주항을 위한 함대가 건조되고 이
들이 바빌론에서 유프라테스 강을 따라
바다로 나가기에 앞서 선발대는
이미 페르시아만을 탐색하고 있었다
그러나 알렉산더는 모기에 물려 쓰러졌다
32세의 아까운 나이로 알렉산더 사망 후
전국시대 40여 년 동안에 후계자 문제로
왕위 계승자 아게다에우스 왕비 로크사나 유복자로 태어난
왕자 정치적인 야심가인 생모 올림피아스 등
왕족들 모두 정체불명의 자객에 살해되고 말았다

후계자들은 그들의 세력권 안에서 왕호를 사용하면서
알렉사더제국은 3개 왕국으로 분할되었으니
이집트·남아시아의 푸톨레마이오스 왕조
아시아 지역의 셀레우코스 왕조,
마케도니아·그리스의 안티노고스 왕조

이들 3개 왕조가 로마에 망할 때까지
약 300년간을 헬레니즘시대라고 한다

기원전 146년 안티노고스 왕조가
로마에 속주가 되었고
기원전 63년에는 셀레우코스 왕조가
로마에 속주가 되었다
기원전 57년 신라의 건국
기원전 38년 고구려의 건국
기원전 18년 백제가 건국될 무렵
푸톨레마이오스 왕조 즉
클레오파트라의 이집트왕조가 멸망함으로써
헬레니즘시대가 끝나고 로마의 전성시대가 되었다
여기서 클레오파트라는 이집트왕조의 여왕이니까
이집트여인으로 알기 쉽다
그러나 이집트왕조는 정복왕조였고
클레오파트라는 그리스인과 마케도니아인의 혼혈이었다

로마의 영웅 시저

로마의 3두정치를 성취하고 집정관이 된 시저는
임기가 끝나자
북방의 알프스 남쪽 갈리아 총독을 자청하였다
총독이 된 시저는 8년간 전투 끝에
갈리아를 완전히 정복하였다
갈리아는 북부이탈리아·프랑스·벨기에 지방으로
아주 광대한 지역이었다
갈리아 정복전쟁을 하고 있을 때
시저·폼페이우스·크라수스의 3두정치의 틀이 깨지기 시작했다

기원전 53년 크라수스가 유프라테스강을 건너다가
파르티아군에 패하여 살해되고
폼페이우스와 정략 결혼시켰던 시저의 딸 율리아가
같은 해에 죽으면서
시저와 폼페이우스 간에 대립이 표면화됐다
정치폭력도 난무했다
이때 로마원로원은
폼페이우스에게 유리한 결정을 내렸고
궁지에 몰린 시저파(派)는 사태가 악화되자
노예로 변장하고 갈리아로 달려갔다

시저는 폼페이우스와 정면대결을 결심하고
4개 군단을 이끌고 로마로 진격했다
시저가 루비콘강에 다다랐다
시저는 흐르는 강물을 내려다보면서 생각했다
"국법을 어기면서 이 강을 건너
폼페이우스를 쳐야한다는 말인가?"
그러나 엎질러진 물이로다 시저는 외쳤다
"주사위는 던져졌다!"고 하면서 강물로 뛰어들었다
시저의 로마진격 소식이 전해지자
로마는 대혼란에 빠졌고 가장 놀란 사람은 폼페이우스였다
시저의 행동이 저렇듯 민첩할 줄은 몰랐다
더욱 당황한 것은 폼페이우스의 명령에도
병사들이 따라주지 않았다는 사실이다
"36계가 최선이다"
폼페이우스는 측근 몇 명을 데리고 도망쳐
프톨레마이오스 왕조(이집트 왕조)로 달려가
신변보호를 요청했다
왕조 측에서는 입장이 난처했다
때마침 시저의 군대가 추격해온다는 소식을 들은 이집트왕은
차라리 폼페이우스를 죽여 공을 세우자는 생각으로 그를 죽였다
다음날 시저가 알렉산드리아에 상륙하자 폼페이우스의 머리가 바쳐졌다

"아 그대마저 죽었는가!"

시저는 슬픔을 감추지 못하고 울먹거렸다

그리고 잡아가둔 폼페이우스의 처와 그의 가족을 풀어주었다

이때 만난 문제의 클레오파트라는
아버지 프톨레마이오스12세의 유언으로
9세된 남동생과 부부라는 기묘한 관계로
왕과 여왕의 지위에 올라 공동통치를 하고 있었다
18세에 여왕이 된 클레오파트라는
동생과의 사이가 원만치 못했다
이때 알렉산드리아 시민들은 동생인 왕의 편이었다
클레오파트라는 외로웠다
클레오파트라는 헬레니즘적 교양과 재색을 겸비해
여왕다운 기품과 요부의 매력을 고루 갖춘
뛰어난 여왕이었다
그녀는 알렉사드리아 왕궁에 있는 시저를 찾아가
발아래 무릎을 꿇고 보호를 애원했다
기원전 48-47년까지 전개된 알렉산드리아 전쟁은
클레오파트라의 왕위를 회복시켜주기 위한 시저와
이를 반대하는 알렉산드리아 시민과의 전쟁이었다
시저는 승리하고
클레오파트라에게 왕위를 회복시켜주었다
로마에서는 이 소식이 전해지자
반대파가 반기를 들고 일어났다
"시저는 클레오파트라와 사랑에 빠져 직무를 유기하

고 있다"

이때 시저는 클레오파트라 여왕을 달래놓고
부왕 미트리다테스를 죽인 파르나케스가
반란을 일으킨 시리아로 달려갔다
시저는 불과 5일 만에 반란을 진압하고
로마 원로원에 승전보를 보냈다
"왔노라 보았노라 이겼노라"
이집트에 남아있던 클레오파트라는 몇 달 후
시저의 아들 카이사리온을 낳았다
기원전 46년 10월 성대한 개선식을 거행했다
금은보화로 장식한 꽃마차가 앞장서고
그 뒤엔 갈리아 반란의 두목
이집트왕국 폰토스왕국 뉴미디아왕국의 왕족과 대신
그리고 장군들이 쇠사슬에 묶여 끌려왔다
전리품을 가득 실은 수레가 뒤를 따랐다
거창한 행렬 뒤에는 시저가 위세당당하게
말 위에서 미소 지으며 손을 흔들었다
로마시민들은 환호했다
시저는 무장으로서 정치가로서
그 탁월한 재능을 발휘해 천하를 통일하였으니
제왕이나 다름없는 독재체제를 굳혔다

시저의 최후

시저 자신이 갈리아를 완전 정복한 후
공화정(共和政)은 이미 유명무실해졌다
언젠가는 모든 것이 자기의 뜻대로
되어갈 것이라는 생각을 했지만
서두르지 않았다
승자의 아량으로 반대파는 물론
많은 사람들이 시저의 관대함에
눈물이 날정도로 감격했다
그러나 위대한 정복자에게는
참된 의미의 지기나 상담대상이 없었다
외로움을 느꼈다
폼페이우스와 싸울 때 도와준 안토니우스를
비롯한 몇몇 심복들은 너무 방탕하여
오히려 시저가 경계하고 있었다
겉보기와는 달리 고독했던 시저는
왕정에 관심을 갖기 시작했다
브루투스 등 시저 암살음모가 진행된 것도
바로 이 무렵이었다
명문출신의 브루투스는 철저한 공화주의자였다
그의 어머니 세르빌리아는 시저의 젊은 날 애인이었다
기혼이었기 때문에 시저와 결혼은 못했지만
시저는 자신과 세르빌리아가 밀회한 때와

브루투스가 출생한 때가 일치한다고 생각한 나머지
브루투스를 자기의 아들로 생각하고 있었고
한때 시저의 사랑을 받았던 브루투스의 아버지는
장군으로 폼페이우스에게 살해되었다

기원전 44년 3월 18일 시저는
파르티아원정이 예정되어 있었다
3월 15일에 원로원회의가 열렸다
이 회의에는 이탈리아 외의 다른 속주에서
시저를 왕으로 부르게 한다는
제안이 상정돼 있었다
위험을 예감했던지 시저는 처와 측근을 뿌리치고
좀 늦게 회의장에 도착했다
자리에 앉으려는 순간
탄원자 한 사람이 옆으로 다가와
시저의 옷깃을 잡아당겼다
이를 신호로 브루투스 일파가
단검을 뽑아들고 달려들어
몸을 피하던 시저는
브루투스가 휘두른 단검을 보았다
"브루투스 너마저도!"
시저는 피투성이가 된 얼굴을 소맷자락으로
가리고 쓰러졌다 시저의 가슴과 등에 남은 칼
자국이 23곳이나 되었다

시저의 나이 56세

3월 17일 원로원은
키케로의 제안에 의해 시저를 신격화하고
그의 시책을 변경하지 않기로 한 의안과
암살자들에 대한 사면령을 동시에 의결하였다
평소 시저로부터 존경을 받았고 브루투스와도
친근한 키케로의 기발한 수습책이었다
그의 재치는 모든 사람들을 만족시켰다
그러나 3월 25일 장례식에서 피에 젖은 시저
옷을 본 군중들은 흥분하기 시작했다
안토니우스의 추도연설이 끝나고
그의 유언장이 공개되었다
시저의 누이동생의 외손자 옥타비아누스를
양자 겸 상속인으로 하고
로마시민 모두에게 돈을 나누어주라는
유언장이 밝혀지자
군중은 죽은 독재자에게 감사하였다
동시에 암살자들을 증오하였다
시저의 시체를 불태우던 불길은 군중의 손에
의해 암살자들의 집으로 옮겨갔다
암살자들은 로마를 탈출하였다
양자 겸 상속자 옥타비아누스는 기원전 30년
로마의 초대 황제가 되었다

이름을 아우구스투스라 하고
44년간 로마를 통치했다

세계적 영웅 알렉산더 대왕과 시저의 말로는
이렇듯 험악했다
후일 나폴레옹의 일생도 평탄치는 못했다

전두환의 등장

1979년 10·26사건으로
최규하 국무총리가 대통령 권한대행으로 취임했다
최규하 대행은 27일 새벽 4시를 기해
제주도를 제외한 전국에 비상계엄을 선포
28일에는 전두환 국군보안사 사령관이 TV에 등장하자
시청자들은 숨죽이고 그의 발표를 지켜보았다
"김재규 전 중앙정보장은…
권총을 차지철 경호실장을 향하고
욕설을 뱉으면서 한 발
그리고 박 대통령을 향해 한 방을 쏜 후
다시 두 사람에게 두 발씩을 발사했다…"
전두환 소장은 암살사건 중간발표를 하고
일체의 질문을 받지 않고 자리를 떴다
그가 국민 앞에 모습을 드러낸 것은
이때가 처음이었다
사건 직후 합동수사본부가 조직되고
보안사 사령관인 전두환이 본부장에 취임하여
진상규명이란 명분 아래 경찰·검찰·재판소 군부 등
사실상 모든 권한을 장악하였다

12·12사태

전두환을 중심으로 한 신군부는
11월 12일 공화당 총재로 선출된
김종필 총재의 대통령보궐선거 출마를 막고
최규하 총리가 당선될 수 있도록 지원해
12월 6일 장충체육관에서 통일주최국민회의는
최규하 총리를 제10대 대통령으로 선출했다
그러나 '스스로 과도적인 위기관리 정부'임을 내세웠던
최규하 대통령은 정국을 완전히 장악할
지도력·통제력을 결하고 있었다
한편 전두환 본부장은 황시영·차규현·유학성 등의
후원에 힘입어 '하나회' 세력을 중심으로
두드러진 활동을 전개하였다

이때 계엄사령관 정승화 장군은
전두환 합동수사본부장을 견제하기 시작했다
이를 알게 된 전두환 본부장은
'시해사건 수사에 성역이 있을 수 없다'는 명분으로
정승화 장군을 연행토록 결심
최규하 대통령의 재가를 받으려 했다
그러나 최규하 대통령은
노재현 국방장관의 의견을 들어
결정하겠다고 재가를 미뤘지만

재가와는 관계없이 12월 12일 거사는 결행되었다

1979년 12월 12일 저녁 7시경
서울 한남동 육군참모총장 공관에
육군보안처장 허삼수 대령과
육본 범죄수사단장 어경윤 대령을 지휘관으로 하는
계엄사령부부 합동수사본부 소속 병력
1개소대가 들이닥쳤다
공관응접실에 들어간 두 대령은
외출하려던 정승화 계엄사령관을 가로막고
김재규 재판과 관련해 조사할 일이 있으니
수사본부까지 동행하자고 했다
10·26당시 김재규의 초대를 받고
범행현장에서 불과 30m 떨어진 지점에서
회식하고 있었다는 사실과
범행 후 김재규의 질문을 받고
병력동원에 관해 긍정적으로 대했다는 점 등의 혐의였다
정 총장은 여기서 하라고 동행을 거부했다
두 대령은 정 총장의 팔을 양쪽에서 붙잡고
정 총장은 대통령의 허가를 받았느냐고 호통을 쳤다
이 순간 총격전이 벌어졌다
어경윤 대령이 중상을 입는 등
쌍방 간에 부상자가 발생하고
정승화 총장은 허삼수 대령이 겨누는

총구 앞에 이끌려 대기해둔 승용차에 실려
합수부로 연행되었다
총장이 연행되자 육군본부 상황실은
전군에 비상을 하달했다
총장 측 병력과 전두환 측 지지병력이 충돌
한남동·삼각지·경복궁 등 국방기구의 주요거점에서
밤새 요란한 총성이 울렸다
결국 전두환 측 기선제압으로 수습되었다

3김 체포·연금

1979년 12월 김재규 등 7명에게 사형을 선고하고
1980년 1월 이희성 계엄군사령관은
김계원을 무기로 감형시키고
김재규 외 5명의 형을 확정했다
2월 25일 김대중·김종필·김영삼 3김 회동에 이어
2월 29일에는 김대중 등 687명을 복권시킴으로써
'서울의 봄'이 온다고 떠들썩했다
그러나 곧 과도정부·정치권·신군부 간에
3각 암투가 전개되었다
4월 14일 전두환 장군이 중앙정보부장을 겸임하였다
이때 사북탄광에서 유혈폭동이 일어나
3일 동안 사북일대의 행정기능이 마비되기도 했다
1980년 5월 10일부터 최규하 대통령이
중동을 순방하고 있을 때
국내에서는 대학생 가두시위가 절정에 달해
전국이 혼란에 빠지자
신군부는 5월 17일 주영복 국방장관 주재로
전군지휘관회의를 개최하고
계엄을 확대하기로 의결했다
중동순방에서 급거 귀국한
최규하 대통령의 재가를 받아
국무회의에서 결의한 계엄선포는

▲ 전현직 국가원수 비방금지
▲ 정치활동 금지
▲ 전국 대학교의 휴교 등이 포함되었다

전국 비상계엄령과 더불어
전두환 장군 휘하보안사와 정보부는
김대중·김종필·김영삼 등을 체포 연금함으로써
그동안 소위 '서울의 봄'을 구가하던
새로운 시대의 꿈은
하루아침에 물거품이 되었다

유혈비극의 광주민주화운동

1980년에 접어들면서
국민의 민주화 요구는 급격하게 확산되었다
정부는 5·17비상계엄 확대로 맞섰다
이에 항거하는 학생들의 시위를 진압하기 위해
광주에 투입된 공수특단의 과잉진압은
'광주민주화운동'이라는 참혹한 유혈비극을 유발했다
광주에서는 5월 13일부터 16일까지
전남대를 비롯하여 9개 대학의 학생들이
민주화를 촉구하는 시국토론대회를 열었다
5월 17일 자정 비상계엄이 확대되고
계엄포고 10호로 휴교령이 내려졌다
5월 18일 전남대학생들이
교문 앞에 모여들어 교문을 지키고 있던
무장공수특전단과 투석전을 벌였다
공수특전단에 쫓긴 학생들은
시가로 진출 금남로 가톨릭센터 앞에서
연좌시위를 벌이자
경찰이 최루탄과 곤봉으로 해산을 시도했다
학생들은 투석전으로 맞서
오후 4시경에는 공수특전단이 투입되었다
진압작전은 밤새도록 계속되었다
공포의 밤을 지새운 시민과 학생들은

19일 날이 밝자 다시 거리로 몰려나오기 시작했다
금남로에 몰려든 수천 명의 시민을
지켜보고 있던 군경은 확성기와 군용헬기를
동원 해산을 종용하였다
그러나 시민들은 해산하지 않고
주먹질과 욕설로 대항하자 경찰이 최루탄을 쏘았다
시민들도 투석과 화염병으로 맞섰다
경찰과 시민의 교전이 시작되고
30여 분 후에 공수부대가
30여 대의 군용트럭에 나눠 타고
도청 앞과 금남로 사거리에 나타나
무력으로 진압을 시작했다
시민들은 희생자를 길바닥에 남겨두고
겁에 질려 뿔뿔이 흩어졌다
공수대원들의 추격이 시작되어
유혈진압은 시가지 전역으로 확산되었다
시민들은 적극방어에 나섰다
시내버스와 택시 기사들은 차를 몰아
도청을 최후의 저지선으로 지키고 있는
군경을 향해 돌진했다
시민들은 아세아자동차 공장으로 몰려가
장갑차 군용지프 군용트럭을 몰고
군경저지선을 향해 돌진하였다
그러나 시민들은 계엄군의 총격으로
사상자를 내고 물러갔다

3개의 종합병원과 182개 개인병원은
부상자로 만원을 이루었다
총소리에 놀란 시민들은 숨을 곳을 찾아
흩어지고 금남로는 텅텅 비어 있었다

청년들은 차량에 분승 광주를 빠져나가
전남지역 일대를 돌며 시위를 확산시켰다
이때부터 청년들은 무기 탈취에 나서
인근 경찰서와 예비군 무기고를 습격하여
소총·기관총 실탄·수류탄 등을 탈취하고
화순탄광에서는 다량의 TNT를
빼앗아 가지고 시내로 돌아왔다
22일 밤 계엄사령부 발표에 의하면
시위대가 탈취한 무기는
칼빙소총 2,240정 M1소총 1,225정
38구경권총 12정 45구경권총 16정
기관총 2정 실탄 46,000발 TNT 4박스 뇌관 100개
였다
무기가 시민들 손에 들어가자
상황은 삽시간에 시가전으로 바뀌어
치열한 총격전이 벌어졌다
계엄군의 최후의 보루인 도청이 사격권에 들어가
무장한 시민은 도청을 포위했다
군경은 21일 오후 5시반경 철수하기 시작했다
시민군이 도청을 접수한 후에도

외곽지대와 광주교도소 부근에서는
총격전이 계속되어 사상자가 속출했다
22일까지 광주와 인근지방의 시민군의 무장
시위차량이 자유롭게 왕래할 뿐이었다
도청을 접수한 시민군은
1층 서무과에 작전상황실을 마련하고
순찰대 홍보반 치안대 환자수송반 등을 조직 운영했다

이때 사회 각계의 지도자급 인사 15명으로
'5·18사태 수습대책위원회'가 결성되었다
여기서 7개항의 요구가 의결되었다
▲ 사태수습 전에 군을 투입하지 말 것
▲ 연행자 전원을 석방할 것
▲ 군의 과잉진압을 인정할 것
▲ 사후 보복을 금할 것
▲ 책임을 면제해 줄 것
▲ 사망자에 대해 보상할 것
▲ 이상의 요구가 관철되면 무장해제 한다

수습위원들은 더 이상의 유혈사태를 막기 위해
계엄군이 진입하지 않는다는 약속을 받고
무기회수에 나서는 한편
계엄당국과 접촉하여
7개항의 요구조건을 관철하려 했으나 실패
계엄군이 탱크를 앞세우고 시내로 진격할 기미를 보

이자

학생들은 회수된 무기로 다시 무장함으로써 긴
장이 고조되었다
수습위원들은 비폭력의 죽음으로 항거하기를 결의하고
진입하는 탱크 앞까지 행진을 감행
계엄군이 양보하여 일시 후퇴하였다
그러나 수습되는 기미가 보이지 않았다
계엄군은 27일 새벽 2시를 기해
극비리에 진격을 개시 시내로 진격하였다
광주는 다시 계엄군에 장악됨으로써
9일 간의 무정부상태가 끝났다
이것이 5·18광주 민주화운동의 전모다
그러나 아직도 '계란이 먼저냐 닭이 먼저냐'
여기에 북한군 개입 등 책임공방은 끝나지 않았다

제5공화국

국보위 전두환 상임위원장은
국정개혁의 방향을 제시하고
1980년 8월 5일 대장으로 승진하였다
13일에는 김영삼 신민당 총재가
정계은퇴를 발표하는 등 어수선한 가운데
더 이상 집권 연장이 불가능하다고
판단한 최규하 대통령은 8월 16일 하야하고
박충훈 국무총리서리가 대통령권한을 대행
8월 22일 전두환 대장이 전역하고
27일 개최한 통일주최국민회의 대위원대회에서
전두환 후보를 제11대 대통령으로 선출하였다
9월 2일 전두환 대통령은
남덕우 국무총리로 임명하고 조각을 발표하였다
9월 3일부터 전국대학은 정상수업에 들어가
제5공화국 수립을 위해
7년 단임제의 대통령 간선제를 골자로 하는
새로운 헌법을 국가보위입법회의에서 통과시키고
10월 22일 국민투표로 이를 확정하였다
구정치인 835명의 정치활동을 규제하고
1981년 1월 15일에는 '평생동지'를 외치며
민주정의당(민정당)이 창당되었다

레이건의 등장

지미 카터 대통령(1976-1980)이 집권한 이래
미국의 무역수지는 최대 적자를 기록
이란혁명과 제2차 오일쇼크 소련의
아프카니스탄 침공 등의 난제들이 잇따라 터졌다
인기 없는 시대를 경험한 미국국민
특히 중류계층의 백인은 한층 더 보수화 되었다
그래서 '위대한 미국'이라는 팍스 아메리카나를
선거공약으로 내건 공화당의 레이건(1980-1988)이
제40대 대통령으로 당선되었다
레이건 정권은 전두환 정권과
긴밀한 밀원관계를 형성하여
자신의 대통령 취임 후
첫 손님으로 전두환 대통령을 초청하였다
두 정권이 병행했던 기간 중
미국은 한 번도 한국의 인권문제나
정권의 정통성 문제에 시비를 건 적이 없었다
한국에서는 야당과 재야세력이
전두환 정권을 지지하는 미국에 대해
곱지 않은 눈길을 보냈다
특히 학생들은 광주민주화운동에서 취한
미국의 태도를 기회 있을 때마다
격렬하게 비난했을 뿐 아니라

서울·부산·광주 등에 소재하는
미문화원을 점거하거나 방화하는 사태가
이 같은 대미불만을 행동으로 나타낸
과격한 케이스였다

언론숙정 선풍

1980년 7월부터 반정부언론인에 대한
숙정(肅正)이 시작되었다
8월 9일까지 시한부로 행해진 언론숙정 선풍으로
언론인 711명이 추방되었다
추방기준은 국가관이 투철하지 못한
언론인·정치유착·경제유착·품위손상 등을
이유로 들었다
이때 정부는 172개 정기간행물의 등록을 취소했고
11월에 들어서는 본격적으로
언론매체의 숙정이 단행되면서
삼청교육대를 만들어 사회분위기는 썰렁하였다

80년대 학생운동

1980년대 학생운동세력은
자유민주주의 자본주의의
기본 틀 자체를 변혁시킬 것을 목표로 했다
미국에 대한 인식도 달라져
해방자·후원자·혈맹 등의 표상이
점령자·억압자·한반도를 분단시켜
남한을 식민지상태로 빠뜨려 수탈하고
이 체제 유지를 위해
반민중적 군사독재 정권을 지원하고
조종하는 제국주의 헤게모니 구가(謳歌) 등의
표상들로 바뀌었다
광주의 좌절이 있기 전까지 유신체제의 붕괴는
민주화의 호기를 가져온 듯이 보였으나
각계의 민주세력은
처절한 패배를 감수해야 했다
신군부의 물리적 진압은
순진했던 민주세력이 감당하기에는 너무도 강했다
피를 흘리며 출발한 제5공화국은
유신체제의 후신일 뿐 달라진 게
아무것도 없다고 생각하였다
오히려 상처만 남겼을 뿐이다
그런데 정통성과 관련해서

제5공화국이 갖는 중대한 취약점을
재빨리 보완해준 것은 미국이었다
레이건 대통령은 당선되자마자
전두환 대통령을 초청함으로써
그를 새로운 동반자로 인정하였다
독재를 지원한 미국의 입장은 무엇인가
그 이면에는 좌파의 준동을 염려하는
시각이 강했던 것이다
본래 등잔 밑이 어두운 것
미국은 좌파세력이 민주화 열기 틈새로
스며드는 것을 멀리서 보았던 것이다
한국의 공산화를 미국은 원치 않았다
미국은 베트남의 공산화를 지켜보았고
이란의 이슬람화로 미국이 곤경에 처해 있었다
쓰라린 경험을 한국에서
다시 하고 싶지 않았던 것이다

1980년대 학생운동이
단순한 민주화 운동이 아니라는 것을
후일 잃어버린 10년으로 표현되는 김대중 정부와
386세대를 탄생시킨 노무현 정부의 행적에서
여실히 드러나고 있다
좌파라기보다는 친북·종북주의라고 하는 편이
훨씬 어울릴 일이다
왜냐하면 이들은 한국의 민주화와 인권을 비판하면서

북한의 인권과 독재체제에 대해
함구하고 있었기 때문이다
김일성·김정일·김정은 3대 세습을
일언반구 말이 없는 그들이기에
변명의 여지가 없다
문재인 정권도 달라진 게 하나도 없다
좌파정권을 탄생시킨
김영삼 정권도 자유로울 수 없다
통치자의 역사의식 결여로
무차별적 공격을 가해 보수 우파를 와해시키고
국민을 정신적 공황상태로 몰고 간 책임을
느껴야 하기 때문이다

88서울올림픽 유치

88서울올림픽 유치과정은
현대그룹 정주영 회장의 저서
『이땅에 태어나서』에서 언급하고 있는데
제24회 올림픽을 서울로 유치하겠다는 방침을 발표한 것은
1979년 박정희 대통령이라고 했다

▲ 동북아와 한반도의 평화정착에 기여
▲ 우리나라의 경제발전과 국력과시
▲ 공산군 및 비동맹국가와의 외교관계 수립으로
분단상황 극복여건 조성
▲ 국제적 행사를 통한 국민결집력 등의 필요성에서
이를 추진하려다가 10·26사건이 일어나고
12·12사태와 5·18광주민주화운동을 수습하고
제5공화국이 탄생하였다
IOC에 올림픽 서울유치를 정식으로 신청한 것은
1980년 12월이었고
1981년 3월 IOC조사단이 서울에 왔다
이때 찬반양론이 고개를 들었다
거국적인 유치활동을 벌여도 일본을 제칠 수 없고
유치한다 해도 올림픽으로 경제파탄에 빠져
나라가 망한다는 것이 남덕우 총리의 지론이었다

김택수 IOC위원은 총 82표 중
우리가 얻을 수 있는 표는 자기와 대만·미국의
3표 뿐이므로 일본 나고야를 이기고
우리가 유치한다는 것은 불가능하다고 반대했다

신청서 철회압박을 받은 전두환 정부는
진퇴양난에 빠져있었다
그러던 어느 날 문교부 체육국장이 사전 상의 없이
올림픽유치추진위원장 사령장을 들고
정주영 회장 앞에 나타났다
망신을 정부가 아닌 민간인이 대신 당하게 하자는
발상에서 한 짓이었다고
정 회장은 당시의 사정을 회고하였다
전경련회장으로 있던 정주영 회장은 자신을
망신대용품으로 뽑았다고도 하였다
이규호 문교부장관 제안으로 결정된 내용인즉
"무에서 유를 창조하고
강인한 추진력과 번뜩이는 기지로
현대를 세계적인 기업으로 키운 저력과
갖가지 신화를 남기면서
해외에서 한국기업의 위상을 제고시킨
능력을 높이 평가해서…"라는
과히 듣기 싫지 않은 말로 포장해 내놓은
사령장을 받았다고 하였다
사령장을 받은 정주영 회장이

올림픽유치 대표단을 인솔하고
1981년 9월 15일 출국할 때
정부로부터 들은 훈령이
'창피만 당하지 말라'
이렇게 회고한 정주영 회장의 결심은
'반드시 유치하겠다'라고 했다
대한민국에서 일깨나 하는 사람들이 대표단으로 와서
겨우 창피만 면하고 간다면
그야말로 창피하고 부끄러운 일이었다

결전의 날이 왔다
호텔 로비에 홍보관이 있었다
일본 나고야관에는 사진 몇 장이 고작이었다
우리는 안 될 때 안 되더라도
후회 없이 하고자 철저한 준비를 하였다
미스코리아와 대한항공 스튜어디스들에게
한복을 입혀 안내를 하였다
그리고 한국고유의 문양을 넣은
부채·인형·짚신 등을 선물하였다
한국관에만 북적대기 시작했다
현지 언론들은 일본 나고야가 결정적인 것으로 보도하고
심지어는 한국이 기생을 동원했다는 기사도 나왔다
정주영 회장은 즉각 아들 정몽준에게 홍보관을 맡겨
손기정·조상호, 그리고 제수씨인

현대고등학교 장정자 이사장 등이
손님을 맞이하도록 해서 기생설을 잠재웠다
일본의 공세가 시작됐다
"남북한이 극단적으로 대립하고 있는데
어떻게 올림픽을 치를 것인가?"
게다가 북한은 한국의 올림픽 유치를 방해할 목적으로
20여 명이나 파견해 방해공작을 하였다
정 회장은 나고야 쪽으로 굳어진 선진국 IOC위원보다
소외된 중동과 아프리카의 IOC위원들을
집중적으로 공략했다
그들은 중동건설 붐을 타고 활약했던 현대를
이미 잘 알고 있었다
결정투표 전날 서독의 한 지방신문은
"88하계올림픽은 나고야로 결정된 것이나 다름없다
그런데 한국대표들은 그것도 모르고
아직 로비를 하고 다닌다"고 했다
나고야 관계자들은 샴페인을 터뜨렸다

정주영 회장은 서울 지지표를 46표로 보았다
1981년 9월 30일 오후 투표시간이 다가왔다
한식으로 점심식사를 한 한국대표들
분위기가 무겁기만 했다
정주영 회장은 내기를 걸자고 했다
모두가 함구하고 있었다
이때 표를 점검하는 교섭반장 전상진은

50표 이상은 될 것이라면서
내기에 20마르크를 걸었다
그래도 사람들은 침묵했다
투표장으로 가고 있었다
방해공작을 하고 다니던 북한 사람들이 대뜸
"정 선생 쓸데없는 짓하지 말고 돌아가시오
벌써 다 끝났시오
남조선은 안 됩니다
정 선생님이 아직도 계시다니 답답합네다"
빈정대는 북한사람들을 향해 정 회장은 속으로
이놈들아 두고 봐라 하면서
"나는 독일어를 몰라서 못 봤는데
기사가 어떻게 났습니까"
"좋은 소식 났습니다
그러니 돌아가시라요 다 끝났시요!"
"투표도 안 했는데 끝나다니요"하고 빈정댔다
마침내 투표가 끝나고 발표시간이 다가왔다
1981년 9월 30일 오후 3시 45분
사마란치 IOC위원장이 투표결과를 발표했다
"쎄울-Seoul"
52대 27로 나고야를 물리친 쾌거였다

소련군 KAL기 격추

1983년 9월 1일 3시 15분
미국을 떠나 한국으로 오던 KAL 007기는
소련의 추격을 모르고 부기장 손동회는
동경에 고도를 33,000피트에서
35,000피트로 변경해 달라고 요청하였다
사할린 접근 10분전 소련전투기는 기관포
4대로 120탄을 발사했다
그래도 무반응이었다
소련전투기는 KAL기 뒤로 바짝 접근해
3시 26분 미사일 두 개로
269명이 탄 KAL기를 명중시켜
사할린 앞바다에 추락했다
레이건 미대통령은 TV 특별방송에 나와
소련의 만행을 규탄했다
소련도 미국을 비난했다
그러나 처음부터 더 큰 파국으로 가는 것을
양국은 원치 않았다
소리높이 규탄하던 한국정부도 온건해졌다
88올림픽 참여를 종용하기 위한
제스처라고 수군거렸다

아웅산 참사

전두환 대통령은 1983년 10월 8일
첫 방문국인 버마(미얀마)의 수도 랑군에 도착했다
서남아·대양주 6개국 순방의 시작이었다
10월 9일 오전 아웅산 묘소를 참배하고
오후에는 관광스케줄이 잡혔다
동행한 기업인들은 그 시간에 골프를 쳤다
기업인들이 라운딩을 하고 있을 때
전두환 대통령이 아웅산 묘소 참배 후
점심을 같이 먹자는 연락이 왔다
부랴부랴 골프를 중단하고 호텔로 돌아왔다
호텔에는 피 묻은 와이셔츠의 경호원들이
황망하게 움직이고 있었다
아웅산 참사사건으로 서석준 부총리와
장차관 등 17명 사망 15명 부상의 참사였다
전두환 대통령은 아웅산 묘소에 도착하기
직전에 폭발하여 참변을 모면할 수 있었다
이 아웅산 폭발사건은 북한의 계획된
만행으로 발표되었다

3김 해금조치

1985년 3월 6일 김대중·김영삼·김종필 등
14명이 전면 해금되었다
이제 모든 정치인은 정치활동을
다시 할 수 있게 되었다
1980년 8월 27일 제11대 대통령에 당선된
전두환은 제5공화국을 출범시켰다
그해 9월 17일 보통군재에서
김대중에게 사형을 선고하였다
9월 29일에는 헌법개정안을 공고하여
10월 22일 국민투표로 이를 확정하였다
11월 3일 국가보위법회의는
정치풍토 쇄신을 위한 특별조치법을 의결하고
정치풍토쇄신위를 발족시켜
정치활동규제 대상자 811명을 발표하였다

1981년 1월 23일 대법원은
김대중사건 피고인 12명에 원심을 확정하였다
정부는 김대중을 사형에서 무기수로 감형
3월 3일 전두환은 제12대 대통령에 취임
그리고 3월 25일 총선을 실시
그로부터 3년 후인
1984년 2월 25일 2차로 정치활동규제 대상자

301명 중 202명을 해제하고
그해 11월 30일에는 3차로
99명 중 84명을 해제하였다
마지막으로 1985년 3월 6일 3김씨 등
14명 모두 풀려나면서
이제 백가쟁명의 시대가 다가오고 있었다

정주영공법 서산농장

호메이니 이란혁명의 영향으로
중동경기가 저조해지면서
건설수주가 줄고 해외근로자와
유휴장비 처리문제가 발생했다
정주영 회장은 박정희 대통령에게
해외장비를 들여다가 국토확장사업에 투입
유휴노동력을 흡수할 것을 건의하였다
곧 부동산투기종합대책이 발표되었다
토지개발공사를 설립하고 국토개발연구원이
문을 여는 등 분주하게 움직이고 있었다
그때 정부가 주도하던 간척사업의 효율성을
높이기 위해 민간기업에 이관하는
대통령특별법령이 만들어졌다
서산 간척지는 정부가 노동자숙소까지 지어
놓고도 몇 해를 끌어오다가 현대에 서산해안
공유수면매립허가를 내주었다
현대는 내리막길을 걷기 시작한 중동건설
현장에서 중장비 350대를 들여왔다
그러나 10·26사건 등 계속되는 정치 불안과
자금사정으로 착공이 지연되어 오다가
1982년 4월 B지구방조제 연결공사를 착수
A지구는 1983년 7월에 착공되었다

옛날부터 장연의 장산곶 강화의 순돌풍
태안반도의 안흥만은 간만의 차가 심하고
물살이 거세어 선박의 침몰과 좌초가 심했다
방조제공사의 관건은 밀물·썰물 때 유실을
최소화하는 것이었다
이때 '정주영 공법'으로 불리는 유조선공법이
등장해 화제가 되었다
1984년 2월 25일
A지구 최종 물막이공사에 정주영공법이 동원된 것이다
여기에 동원된 것이 유조선공법(油槽船工法)이다
고철로 쓰려고 30억원에 사다가 울산에 정박시켜놓은
스웨덴 고철선을 끌어다가 가라앉혀 물줄기를 막고
바윗덩어리를 투하하는 공사다
유조선공법은 완벽하게 성공하였다
3천3백만 평 갯벌에 1천4백만 평 담수호를 합쳐
총 4천7백만 평을 조성한 것으로
여의도 33배가 되는 넓은 땅이다
유조선공법으로 공사비 2백9십억 원 절감효과가 있었다

3부

윗논에 물 실어놓고

동래온천

나는 대학교를 졸업할 때까지
경상도엘 가보지 못하다가
1961년 5·16혁명 후 박정희 정권의 산업화정책으로
경상도 지방에 공단이 생기고
회사가 늘어나면서 직업상 출장을 다니기 시작했다
당시에 동래온천이 유명했다
터키탕이 새로 생기고 그럴 때였다
출장을 다녀온 남편이 자랑을 했지만
그것이 무엇인지 말하기에는 우리 사회가
아직 보수적이었다
훗날 이들 부부가 동래온천 식당에서 들러
식사를 주문했는데
부인은 터키탕이 퇴폐목욕탕이란 사실을 모르고
터키탕을 시켰다는 우스갯소리가 있다
그리고 경상도에는 '윗논에 물 실어놓고'란
속담이 있다
윗 논배미에 물을 가득 채웠다는 말은
풍년을 기약한다는 말이다
그동안 하루가 다르게 발전하는 모습을
어디서나 볼 수 있을 때의 일이다

1980년대 발전상

1980년 12월 1일부터 컬러TV 방송이 시작되었다

1981년 9월 30일에는 88서울올림픽 개최를 확정짓고
11월에는 86아시아게임 서울개최를 결정했다

1982년 1월 5일에는 6·25이후 계속 실시해오던
야간통행금지가 해제되었다
3월 27일에는 프로야구가 시작되고
8월 28일 독립기념관 건립준비위를 발족시켜
다음 해에 기공식을 올렸다

1983년 7월 3일 KBS 이산가족 찾기 생방송이 시작돼
여기저기서 울고 웃는 모습이 연출됐다
8월 3일 삼성반도체 64KD램 개발성공에 이어
8월 27일 국제기능올림픽 5연패를 달성했다
9월 7일 여의도 광장에서 교황청의 한국인 순교자
103인 시성승인이 있었다

1984년 5월 22일 지하철 2호선 완전 개통
6월 27일 한강변 올림픽도로 개통
8월 12일 84 LA올림픽에서 금메달 10개를
획득하여 세계 10위를 기록했다

9월 24일 88서울올림픽 주경기장 개장

1985년 5월 7일 자동차 보유대수 1백만대 돌파
7월에는 우리나라의 1984년 국민소득 1,999$
확정 발표할 무렵 충청북도에 대통령별장이
생기고 9월 20일 남북한 각각 151명이
서울과 평양 교환방문을 했다
10월 18일 지하철 3호선과 4호선 준공
이렇듯 국가발전의 소리가 사방에서
들려오다가 별안간 '윗논에 물 실어놓은'
들판에 홍수가 나 논두렁이 터지고 흙탕물로
뒤범벅이 되기 시작했다

경제개발계획의 성과

1962년부터 시작한
제1차경제개발 5개년계획에 이어
제2차·제3차·제4차경제개발 5개년계획 기간 중
1979년 10·26사태와 제2차 오일쇼크가 일어나면서
1980년의 경제성장률은 –5.2%를 기록
제4차경제개발5개년계획 기간의 연평균 5.5% 성장에 그쳐
양적 성장목표 달성에 실패했다
이런 추세는 1982년에 개시되는 제5차경제개발 5개년계획 기간인
1985년까지 지속되다가

1984년 말 이후
▲ 석유 등 국제자원가격 하락
▲ 국제금리 하락
▲ 달러가치의 급락 등 3저(三低)현상으로
산업공동화와 재정적자 등을 수반한 선진국
특히 미국경제의 퇴락을 틈타
우리경제의 경쟁력 상승이 한국경제로 하여금
갑자기 선진화 대열에 진입하게 되었다
1986년 성장률은 12.5%에 이르렀고
경상수지도 46억$의 흑자를 이룩하면서

도매물가는 2.2%나 떨어지고
소비자물가도 2.3%의 상승에 그치는
매우 안정된 실적을 나타냈다
이른바 우리 경제사상 최초로 성장(成長)
안정(安定)·균형(均衡)을 동시에 달성하는
계획성공의 대표적 사례로 떠올랐다
이렇듯 모든 게 순항을 계속하고 있을 때
서울거리는 최루탄의 거리로 변해갔다

개헌서명운동

1986년 1월 현대자동차는 포니·액셀을
미국에 처음으로 수출하기 시작하였다
2월 7일 김영삼 민추협 공동의장이
신민당에 입당해 상임고문이 되었다
2월 12일 신민당과 민추협은
1천만 개헌서명운동을 시작하면서 정국은 술렁거렸다
3월 17일 신흥정밀 근로자 박영진이 농성 중 분신자살하고
3월 28일 고려대 교수 28명이 시국선언문을 발표하였다
뒤를 이어 각 대학 교수들이 잇달아 선언문을 발표하고
4월 28일 서울대생들의 시위도중 김세진과 이재호가 분신자살하였다
29일에는 전국 30개 대학 3천여 명이
연세대에서 민민투 발대식을 개최하고
4월 30일 전두환 대통령은 청와대 3당대표회담에서
임기 중 개헌가능성을 시사했다

확대되는 시위

1986년 5월 2일 영국 대처 수상이 방한한 가운데
신민당 개헌추진위 경기인천지부 결성대회에서
5천여 운동권 학생과 근로자 등이
1만여 경찰과 일진일퇴의 격렬한 공방을 벌였다
시위는 전국으로 확산되었고
8월 4일 천안 독립기념관에 화재가
서진룸사롱에서 잡단자살사건이 발생했다

신민당을 탈당한 신보수회 중심
민중민주당이 창당되어 유한열이 총재가 되었고
30일에는 대검에서 민민투·자민투 수사를 발표히고
관련자 180명 중 169명을 구속
9월 4일 안기부는 서울대교수 이병호 등
간첩단 7명을 검거했다
9월 7일에는 승려 2천여명이 해인사에서 시위를 벌였다고
9월 14일 김포공항에서 폭탄이 터졌다

1986년 9월 20일 제10회 아시안게임 개막식에
비가 억수같이 내려 사회분위기와 보조를 맞추는 듯 했다
9월 22일 부실기업 28개를 정리

29일에는 신민당이 헌법개혁특위 불참을 선언하고
지하노동단체 '전노추'사건과 ML당 사건이 연달아 터졌다
10월 28일 26개 대학생 2천여 명이
건국대학교로 몰려가 점거농성을 벌였다
부산대생 전성일이 건국대농성진압에 항의
분신자살하였다
김대중 민추협공동의장은 대통령직선제 개헌을 전제로
대통령선거에 불출마를 선언하는 등 사회는 혼란스러웠다
1986년 들어 9월 말일까지 사용한 최루탄은 31만발로
구입비는 59억 원에 이른다

1987년 6월항쟁

1987년 1월 14일 박종철 고문치사사건이 터져
사회가 소란한 가운데
4월 13일 전두환 대통령이 호헌회귀(護憲回歸)를 선언했다
민심은 크게 흔들리기 시작해
1년 전인 4월 30일 개헌논의가 재개되면서
활성화되었던 언로는 다시 폐쇄되었고
정치적 민주화도 냉각되었다
1987년 6월 10일 집권여당은 잠실체육관에서
차기 대통령후보로 노태우를 지명하고
독단적인 정치일정을 강행했다

이에 맞서 야당과 재야는
호헌규탄국민대회를 서울 등 22개도시에서 진행시키면서
6월항쟁의 역사적 드라마가 시작되었다
당국은 3만8천 명의 경찰을 동원
재야인사 700명을 연금시켰다
6월 10일 오후 6시부터 서울의 대한성공회에서 열린
국민대회가 명동성당 농성으로 이어지며
부산·대전·진주 등 전국으로 확산되었다
6월항쟁의 분수령은 6월 18일 밤 부산시위로

부산시위는
4·19전야와 10·16부마사태의 혁명적 열기를 상기시키는
정권적 차원의 무서운 충격을 주어
서면에서 부산역 4km의 간선도로를 30만의 시위대가 장악해
세계의 이목이 집중되었다
19일 오후 주한미대사 릴리는 청와대를 방문
레이건 대통령의 친서를 전달했다
완전 민주화를 촉구하는 것이라고 했다
그러나 시위는 전국적으로 확산되고
고교생들까지 참여하였다
그동안 유보적 태도를 보이던
언론과 중산층도 참여하였다
6월 20일 국민운동본부 인명진 대변인 성명을 통해
다음 4개항을 제시했다
▲ 4·13호헌조치 철회
▲ 6·10대회 관련 구속자 양심수 석방
▲ 집회시위 언론자유 보장
▲ 최루탄 사용중지
6월 24일 전두환 대통령과 김영삼 민주당 총재의 여야영수회담이 열렸다
회담 후 김영삼 총재는 회담결렬을 선언했다
급히 방한한 미국무부 차관보는 전두환 대통령에게
군부개입을 반대하는 미국의 뜻을 강력하게 밝혔다

6월 26일 '직선제로 독재타도'를 외치며
전국적으로 평화대행진이 강행되었다

6·29선언

학생시위는 시민들의 지지를 받고 확산됐다
다음해에 열리는 88서울올림픽 개최를 염려하는
목소리가 국내외에서 나오기 시작하였다
위기감이 고조되고 계엄과 쿠데타 소문도 나돌았다
숨가쁜 격동의 소용돌이 속에서
정부로서도 공권력과 물리력의 한계를 느꼈다
그런데 6월 29일 오전 10시 뉴스를 타고
하루아침에 야당으로 변신한 듯
민주주의 신앙고백을 담은 노태우 민정당대표의
선언 8개 조항이 낭독되었다
▲ 대통령직선제로의 개헌
▲ 김대중의 사면복권 등
야당 및 반정부 세력의 요구를
전면적으로 받아들이겠다는 내용이었다
이것이 '6·29선언'이다
노태우 대표는 이것이 전두환 대통령에게
받아들여지지 않으면 대통령 후보를 포함한
모든 자리에서 물러나겠다고 했다
화염병과 최루탄이 난무하던 6월항쟁이
거짓말처럼 진정되었다
실패와 좌절만을 거듭하던 국민은 오랜만에
진한 감동을 받았고

이 6·29선언은 노태우의 고독한 결단에 의한 것으로 '무혈쿠데타'로 평가받았다

정치가 전두환

1987년 7월 1일 전두환 대통령은
6·29선언 수용 특별담화문을 발표하고
7월 10일 자정을 기해 김대중 등
2,335명에 대해 사면복권을 단행하고
민정당 총재직 사퇴를 선언했다
집권 7년 동안 정통성 시비에도 불구하고
경제성장·물가안정·88서울올림픽 유치 등
군인 아닌 정치가로서의 전두환이 거둔 성과였다
무엇보다 스스로 정한 대통령 임기를 지켜
정권의 자리에서 물러남으로써
평화적인 정권교체를 실현하는
최초의 권력자가 되는 것이다
그동안 경제성장으로 중산층이 형성되었다
이것이 민주화를 지탱할 수 있는 기반이 되었고
군사정권이 부활할 가능성도 최소화시켰다
그런데 전두환적 강권정치가를 밀어내고
민주를 향한 진전이 시작되었다
1987년 6월항쟁은 바로 정치적 민주화를
성취하기 위한 몸부림이었다
항쟁의 성공은 6·29선언으로 나타나고 있었지만
그것은 민주화의 여명(黎明)을 밝혔을 뿐이다
이를 제도화하기 위해서는 선거를 통한

정권교체의 관행을 쌓아야 하는데
그 과정이 순탄치 못했던 게 사실이다

8월 항쟁

6월의 함성은 곧이어 경제적 민주화를 부르짖는
8월의 절규를 탄생시켰다
절차적 민주화가 권력(權力)의 나눔이라면
실질적 민주화는 복지(福祉)의 나눔이다
1987년 7월부터 9월까지 폭발적으로 제기된 노사분규는
한국에서 임금노동자 계급이 형성된 이래
가장 대규모적인 자본·임금노동과의 모순(矛盾)을 표출하였다
이번에 발생한 전국적이고 전산업적인 노사분규는
노사관계상의 단순한 분쟁이 아니라
노동자계급의 대투쟁이었으며 대중적 항쟁이었다

8월 4일 시작한 대우중공업 현대중공업 등
근로자들의 농성돌입은 전국적으로 확산돼
8월 19일에는 전국대학생대표자협의회(전대협)가 결성되었다
시위도중 대우조선 이석규의 사망, 장지문제로 시끄러웠다
이때 유진오 박사가 별세해
고려대학교에 빈소설치로 학생·교수들이 반발하는 등
사회는 극도로 소란했다

이를 전후해 어느 사이엔가
고려대학교 교정에 있던 김성수의 묘소가
다른 곳으로 이장되어가는 내홍을 겪기도 했다
1987년 9월 28일까지의 총 노사분쟁 건수는
3,334건으로 이중 3,311건이 6·29선언 이후에 발생했다
8월노동항쟁은 해외건설현장에도 영향을 줘
외국인노동자를 선동하여 파업을 유도하고 있었다
노동의 질이 떨어져 해외건설현장 책임자들의
걱정이 늘어나고 있었는데
당시 해외근로자들의 급료는 국내 보수의
200% 이상을 받고 있을 때였다
나는 이란 출장 중 건설현장 분규로
테헤란 북쪽 해발 3,800m 산맥을 넘어
케비어(철갑상어 알)의 고장 카스피해 관광을 다녀온
기적 같은 일이 있었다

행복을 아는 사람들

두바이에서 출장을 끝내고 인도로 건너가
뉴델리 관광을 하였다
기원전 3천년 경 메소포타미아의 영향으로
탄생된 인더스문명의 나라 인도
세계에서 세 번째 문명을 일으킨 나라다
사회제도로 카스트제가 엄격한 나라로
승려계급 브라만
왕족 크샤트리아
평민 바이샤
노예계급 수드라
이렇게 네 계급으로 형성되어 있다
기원전 6세기경 석가의 불교탄생이
카스트제도에 반기를 들었고
기원전 324년 알렉산더대왕의 인도침입 후
쿠산왕조의 출현으로 혼란을 잠재웠고
불교를 보호한 카니시카왕 시절 동서문화의 교류는
인도문화를 융성하게 하였다
자연만물에는 신이 있다고 믿는 인도인들
고대 부라만사상을 유일신으로
4세기경 힌두교가 탄생하였다

7세기경에는 이슬람의 침입을 받아

이성계가 조선을 건국할 즈음
중앙아시아를 정복하고
사마르칸트에 도읍 티무르제국을 건설한 티무르는
칭기스칸을 본받아 세계통일을 꿈꾸며
동서사방을 병마로 달렸다
이성계가 정종에게 양위하던 1398년 티무르는
힌두쿠시 산맥을 넘어 투글르크왕조 델리를 공격해 왔으니
티무르 63세였다
이슬람을 위한 성전이란 명분을 내걸고 출발했으나
인도의 델리왕조 역시 이슬람국으로
인더스강을 건너 델리에 육박한 티무르는
10만명의 주민을 살육 12월에 입성하니
그의 잔학성은 인도 이슬람의 아성인
모스크까지 파괴해버린 약탈행위였다
티무르가 막대한 전리품을 안고
사마르칸트에 회군한 때가 1399년 4월이다
사마르칸트로 귀환한 티무르는 대성당의
머릿돌을 놓고 다시 원정을 시작
시리아를 약탈한 티무르는 이라크의 수도 바그다드로 향해
사자처럼 달려들어 성을 점령하고
휘하 장병에게 적의 머리 하나씩 잘라오게 하니
삽시간에 성벽 위에 2만개의 머리로
피라미드가 만들어졌다

여기서 티무르는 강적 오스만터키의
제4대 술탄 바야지드 1세를 만났다
1396년 십자군을 니콜라스 전쟁에서 물리치고
이슬람세계에 자기의 위상을 한껏 높인 바야지드가
동로마제국의 수도 콘스탄티노풀을 공략하고 있을 때
티무르의 침입을 받은 것이다
터키황제 바야지드는 아버지의 유지를 받들어
세르비아를 정복하고
콘스탄티노플(이스탄블)을 포위하면서
헝가리·보스니아·그리스를 공략하고 있었다
바로 그때인 1402년 7월 앙카라 동북쪽에서
바야지드와 티무르 두 영웅의 대결이 시작됐다
양군의 병력은 100만 명이었다
싸우다가 패하여 도주하던 바야지드는 낙마해
아들과 함께 포로가 되었다가 화병으로 죽었으니
조선 제3대왕 태종 4년의 일이다

유럽의 여러 나라들은 구세주를 만난 것이다
터키가 발칸반도를 침입하고 동로마제국을 포위하자
전전긍긍하고 있을 때 티무르가 나타나
이를 물리쳐준 것이다
티무르는 1404년 사마르칸트로 귀환했다
그는 강대한 중국을 정복
이슬람에 귀의시키는 게 필생의 꿈이라고 했다
1404년 12월 보병 20만 기병 20만으로

진군명령을 내렸다
중국은 명나라 초기로
제3대황제이자 일세의 영웅 영락제의 시대였다
티무르는 중앙아시아를 넘는 강행군으로
혹한 속에 오트라르에 도착
1405년 1월 고열로 신음하다가 70세로 사망했다
중국원정은 좌절되었다
그 후 티무르제국은 혼란을 겪고 있을 때
이번에는 오스만터키족이 사마르칸트를 점령
1500년에 티무르제국은 멸망했다

그러나 티무르의 5대손 바베르는
중앙아시아에서 아프카니스탄을 거쳐 인도에 침입
델리지방을 점령하고 뱅골에 이르는
북인도지방을 통일하였다
북인도를 평정한 바베르(Baber:1526-1530)는
인도 무굴왕조의 창시자가 되었다
1643년 무굴제국 사자한 황제가
사랑하는 아내 무무리즈 마할을 위해
세계7대불가사의 중 하나인 타지마할을 세웠다
바베르의 무굴왕조는
1858년까지 332년간 인도를 통치하였고
그후 영국의 동인도회사의 팽창으로
1877년 영국인이 황제가 되는 인도제국이 건설되었다
20세기의 독립운동가 마하트마 간디의 비폭력투쟁은

1947년 8월 15일 인도의 독립으로 이어졌다
그러나 힌두교와 이슬람교도의 반목으로
인도·파키스탄·방글라대시 세 쪽으로 갈라져
분단의 아픔을 간직하게 되고
간디는 피살되었다

1960년대 초까지 인도는
아시아에서 일본 다음가는 공업국으로
비동맹회의 의장국에
세계 두 번째로 인구가 많은 나라였다
내루의 사망 이후 혼란이 거듭되던
인도의 국민소득은 300$의 저개발국으로
초라한 군상들…
첫 번째 문명국 이집트의 초라한 거리가 연상되었다
"그렇습니다 시골로 내려갈수록 사는 게 말이 아닙니다
인구 8억이라고들 하지만 그보다 훨씬 많다고 합니다
문맹률이 높아 인구조사가 어렵다는 것입니다"
안내자의 말이다
게다가 언어도 통하지 않아 영어를 비롯해
13개의 지방어로 표기된 화폐가 통용되고 있나
250여종의 언어에 방언까지 합치면
850여 개의 언어가 있다고 한다
그러나 여기 사람들은 뉴델리가 지상낙원이라 일러주었다

순간 잠시나마 초라하게 느꼈던
나의 생각이 부끄럽기까지 하였다
조금 있다고 까불어대는 것보다
좀 모자라도 만족하고 사는 사람들
그게 행복의 조건이 아니던가
40년 전 생산이 시작된 인도산 승용차는
그동안 한 번도 모델이 바뀐 일이 없다고 했다
고물자동차 시장을 방불케 하는 거리 풍경
그나마 중산층이 애용하는 오토바이
페달로 끄는 인력거 행렬
고삐 없는 검정소
인도의 우상이 거리를 활보하고 있다
독립문 광장 분수대에서 머리감고 빨래하는 여인들
멱 감는 남정네들
반나로 잔디밭에 뒹굴며 낮잠 자는 남녀노소
모두가 고삐 풀린 소처럼 자유로운 걸
저렇듯 자유로운 가운데 만족하고 사는 사람들
그게 행복인 것을…
목에 핏대 세우고 주먹질하고
최루탄 터지는 서울거리를 보다가
우리와는 딴 세상을 보는 것 같았다

대통령직선제 개헌

1987년 10월 12일 대통령직선제 등
여야합의 개헌안이 국회에서 통과되었다
5년 단임제 개헌은 나눠먹기 개헌이란
비판도 있었지만 10월 27일 국민투표를
실시해 투표율 78.2% 찬성 93.1%로
개헌안이 확정되었다

김대중 평화민주당 총재

대통령 불출마를 선언했던 김대중은
10월 28일 대통령 출마와 신당창당을 선언하면서
비판이 들끓었다
11월 1일 김대중이 부산 집회 후 숙소 앞에서
폭력충돌이 일어났다
11월 12일 평민당 창당대회에서
김대중이 총재로 추대됨과 동시에
대통령 후보가 되었다

김종필·김영삼 총재

1987년 10월 30에는
신민주공화당 창당대회를 개최하고
김종필을 총재와 대통령후보로 추대하였다

1987년 11월 6일 이민우 신민당 총재가
정계은퇴를 발표했다
이민우 총재는 연초에 김영삼·김대중에 대한 반발로
온양으로 잠적했었다
김영삼·이민우의 노선대립 조정실패로
그가 은퇴를 결심할 때까지
불편한 관계가 지속되었고
11월 9일 민주당 전당대회에서
김영삼 총재를 대통령 후보로 추대하고
정승화의 민주당 입당으로
12·12사태가 선거쟁점으로 떠올랐다
11월 14일 김영삼 민주당 총재는 광주유세에서
폭력사태가 일어나 쫓겨났다

이병철 회장 별세

1987년 11월 19일 삼성그룹
이병철 회장이 78세로 별세했다
오랜 세월 동안 돈대통령으로 살아온 이 회장은
용인 에버랜드 공원에 안장되었다

노태우 민주정의당 총재

1987년 11월 29일 노태우 민정당 총재
광주유세에서 폭력사태가 벌어졌고
폭력사태가 일어나던 날
KAL기가 미얀마 상공에서 추락하였다
북한의 김현희가 연루된 사건으로
탑승자 115명 전원이 사망했다

제13대 대통령선거

세상은 꼬여만 가고
88서울올림픽 개최를 앞두고 불안한 가운데
1987년 12월 16일 제13대 대통령 선거가 실시되었다
민주정의당 노태우
통일민주당 김영삼
평화민주당 김대중
신민주공화당 김종필 후보 등
8명의 후보가 등록
선거에서의 지역대립은 폭력사태로 얼룩지고
영호남의 대립은 김대중·김영삼의 분열로 심화되었다
평화적 정권교체를 추구한다는 정당이
지역감정 문제를 극복하지 못한 것이다

대통령 병

김대중의 평화민주당
김영삼의 통일민주당은 그 정당에 의해
지역감정의 골이 깊어지게 되었다
이를 극복하지 못하면
민주화의 실현도 어려울 수밖에 없을 것이고
민주화운동에 대해서도 커다란 손상을 입을 것이라고
많은 사람들은 우려했다
대통령 병에 걸린 사람들이란 야유를 받아야 했다

왜곡된 민주화

민주세력은 재야의 정치인들을 이끌어가는 데 실패하였다

김대중·김영삼

김영삼·김대중

그들은 정권욕을 '민주화'로 포장하여

민주화운동을 주도했다는 혹평을 받았다

따라서 민주화운동이 지녀온 도덕적 권위는

손상될 수밖에 없었다

아직도 민주화운동이라는 단어에

거부감이 짙게 배어있는 게 사실이다

노태우 대통령

1987년 12월 16일 대통령 선거결과는
노태우 8,237,826-36.7%
김영삼 6,293,990-28%
김대중 6,064,568-27%
김종필 1,806,224-8.1%로
노태우 후보가 당선되었다
정권교체를 바라는 국민이 63%였다
체제의 안정을 바라는 국민이 37%라고 볼 때
김영삼·김대중의 분열은 치명적이었다
그러고도 김영삼 김대중은 선거결과에 승복하려 들지 않았다
이 정권을 타도할 때까지 싸우겠다고 목청을 높인 그들이었다
단일화가 되었다 해도 또 다른 선거부정이 있었을 것이라고도 했다
이게 우리나라의 민주투사라는 사람들의 행태다

국민의 소리

당시 조선일보에 독자의 소리를 모은
'민성란(民聲欄)'이란 게 있었는데
그 타이틀만을 모아봤다

차려준 밥상 걷어차고 불복무효 무슨 소용
이길 수 있었던 선거 책임지고 은퇴하길
문민정부수립 좌절 두 김씨 책임 있어
투쟁광고가 웬말 의회주의 버렸는가
부정선거 시비 앞서 당내민주화 이뤄라
구차한 변명에 실망 구태벗고 새면모를
결과승복 박수쳐줄 민주역량 아쉽구나
양 김씨 자세에 배신감 여망사표화 책임을
비정치인만도 못해 사죄하는 게 사는 길
패자의 태도에 씁쓸 사의표시도 없어
관권 원망하나마나 승자와 악수나 하길
여당은 멋진 정치 야당은 자기반성
63%대다수 민의 37%승자는 알라
마음열고 민의 쫓는 겸손한 대통령 되길

4부

평화적 정권 교체

김영삼·김대중

1971년 제7대 대통령선거 이후
16년 만에 실시한 직선제 대통령선거는
민정당의 노태우 후보가 5년 단임
대통령으로 당선되었다
5년 단임은 나눠 먹기식 개헌이라는 비난과
대통령병에 걸린 사람들의
허기를 채워주는 개헌이라고도 하였다
이때 김영삼·김대중의 단일후보
여부가 관심거리였다
그러나 두 김씨는 대권욕으로
후보 단일화를 이루지 못하고
노태우 후보가 어부지리로 당선됐다는 게 중론이었다
민정당의 분열책동에 놀아난
양김씨라는 수군거림도 있었다
어느 한쪽이 돈을 듬뿍 받았다고도
그러나 승자는 가려졌고
패하고도 욕을 바가지 먹은 양김이다

전두환 대통령의 고백

전두환 대통령은 1988년 1월 30일
외신기자회견에서 심정을 고백하였다
“우선 나가서 푹 쉬고 싶습니다
대통령 될 꿈도 안 꾼 사람이 대통령 하자니
대통령 되고 싶었던 사람이 된 것보다 훨씬 피곤했습니다
또 대통령은 국민 중에서 가장 자유가
박탈된 사람입니다
그만두면 자유를 되찾는 것입니다
그래서 내자와 자식들이 희망에 부풀어 있습니다
내 본집으로 이사 간다고 생각하니 즐겁습니다”

평화적 정권교체

1988년 2월 25일 오전
노태우 대통령 취임식이 거행되었다
취임식이 끝나고 제6공화국이 탄생하면서
청와대 본관 앞뜰에서
작별의 악수를 나누는 전두환·노태우
전 현직 대통령의 표정은 밝고 온화했다
“이제 가보겠습니다 수고하십시오”
“수고 많으셨습니다 안녕히 가십시오”
평화적인 정권교체는 이렇게 이뤄졌고
두 사람의 웃음꽃이 피었다
전두환 대통령이 청와대 정문을 나와
광화문–시청앞–서소문–신촌에 이르는
연도에는 시민들의 환송도 따스했다
참으로 보기 좋은 광경이었다

5·6공의 마찰

그 행복은 너무 짧았다
2월 25일 청와대 정문을 나온
전두환 전 대통령의 웃음꽃은 잠시 뿐이었다
3월 30일 동생 전경환이 새마을 의혹으로 체포되고
일해재단 비리 등이 불거지면서
4월 13에는 전 대통령이
일체의 공직에서 사임하였다
9월 17일로 예정된 88서울올림픽의 개최를 앞두고
큰 잔치가 코앞인데
우리 마음속엔 먹구름이 드리워지기 시작하고 있었다

88서울올림픽

1988년 9월 17일
88서울올림픽 개막식 전날인
16일 오후 성화가 서울시청 광장에 도착하는 순간
억수같이 쏟아지는 비가 간담을 서늘하게 하였다
먹구름에 천둥번개가 치고
우박과 소나기가 퍼부었다
인심은 천심이라 했는데
그동안 미국의 통상압력·정치·사회
학원·노동계 등 하루가 멀다 하고
살얼음판을 걸어오듯 조마조마한 날들
날씨마저 우리를 괴롭히는구나
내일은 어떨까 밤잠을 설쳐야 했다
그런데 웬일인가 아침에 일어나 보니
신기할 정도로 쾌청하였다
개막식도 성대하였다
그저 감사했다

5공청산 문제

88서울올림픽 개최를 앞두고
노태우 대통령은 김종필·김영삼·김대중
3당대표를 차례로 만나
성공적인 올림픽을 위해
그리고 사회 안정에 초당적으로 협조해줄 것을 요청했다
3당대표들은 흔쾌히 받아들이면서
1988년 10월 4일
서울올림픽대회가 성대하게 끝나고
여소야대 국회에서 야당은
'5공청산문제'를 놓고 포문을 열었다
노태우 대통령은 전두환 전 대통령과
간접대화 방식으로 합의하였다
전 전 대통령이 사과한 다음
모든 재산을 국가에 헌납하고
은둔조치를 취하면 즉각 사면조치를 단행하기로 합의했다
전두환 전 대통령은 11월 23일 재임 중 비리를 사과하고
강원도 백담사로 들어갔다

노태우 대통령 담화

1988년 11월 26일
노태우 대통령은 시국관련 담화에서
더 이상 전두환 전 대통령을 사법적으로 단죄하지 않고
연내에 5공비리를 매듭지을 것이며
시국 관련자의 전면적인 석방 등
6개항의 민주화 조치를 단행하겠다고 밝히면서
민심수습을 위해 6공화국 첫 개각을 단행
강영훈 총리를 임명하였으나
국회는 5공비리와 광주민주화운동특위의 청문회로
과거청산에 몰입해 들어갔다

이 와중에서 김영삼 민주당 총재는
6공의 중간평가문제를 거론하고 나왔다
중간평가는 노태우 대통령이 스스로 한 약속이니
5공청산 후 국민의 심판을 받아야 한다는 것이다
이에 대해 노태우 대통령은
1989년 새해 연두기자회견에서
"6·29를 실천하는 데는 아량을 가져야 하고
또 크나큰 인내를 가져야 하며
나 자신 모든 것을 소화시키고 녹일 수 있는
큰 용광로가 되어야한다고 생각한다"고 했다

중간평가에 대한 찬반양론이 격렬해
나라가 시끄러워지자
노태우 대통령은 3월 20일 단안을 내려
국론분열을 막기 위해
중간평가를 실시하지 않을 것이라 밝힘으로써
논쟁은 일단 종결되었다
종결되는 듯하던 논쟁은 봄부터 시작돼
학원가와 산업현장에서 가두시위와 소요로
혼란이 거듭됐다
5월 30일에는 부산 동의대학 학생들의 방화로
진압에 나섰던 경찰 7명이 타죽는 사태가 발생했다
이는 나라의 기강이 무너지는 사건이었다

증언대에 선 전두환

1989년 11월 11일 청와대는
김영삼·김대중·김종필 세 야당총재와
자정을 넘기는 마라톤회의 끝에
연내에 5공청산을 마무리 짓는 것을 비롯해
11개항의 정국수습안에 합의했다
이 합의에 따라 12월 31일 전두환 전 대통령은
백담사에서 상경 국회증언대에 서게 되었다
그러나 국회증언은 인신공격성 감정대립으로 비화하여
소기의 성과를 거두지 못하고 일단락되었다
5공청산의 불씨를 남겨둔 채
전두환전 대통령은 그날 밤 다시 백담사로 내려갔다

엉망 청문회

5공비리 광주민주화운동 언론통폐합 등
국회청문회 증인으로 나온 사람들을 심문하는
국회의원들은 마치 옥황상제나 된 듯
마구잡이 인신공격으로
시청자들의 눈살을 찌푸리게 하였다
진실에 대한 차분한 접근보다
인기발언에 더 무게를 두었다
"증인 증인은 지금 위증하고 있어요!"
"모릅니다 기억에 없습니다."
"여봐 태도가 글러먹었어!"
이정도면 그래도 점잖은 축에 들어간다
이를 바라보는 국민의 시각은 제각각이다
"민주화가 좋기는 좋구나."
"듣고 보니 심사만 뒤 틀린다 집어치워라!"
"좀 더 오래 끌어 국회의원들의 자질을
심판하자."
이렇듯 증인이나 심문자나 모두가
심판대에 올라 있었다

그런 가운데 청문회스타가 탄생했다
신출내기 노무현 의원이었다
명패를 집어던지며 소리치던 노무현은

그 여세를 몰아 울산 현대중공업 파업현장으로 달려가 외쳤다

"대주주의 주식을 몰수해 노동자에게 나눠주자!"

그 주먹질 여파는 오래도록 그의 발목을 잡아

그를 괴롭혔다 갈 곳이 없어서

떠돌이 생활을 하는 정치적 고아가 됐었다

한미관계의 변화

5공시절 학생들은 성명을 통해
미국국민은 비극적 광주학살에
미행정부가 깊숙이 개입되어 있다는 사실을 통감하고
미행정부가 해명하고 공개사과할 것을 주장하면서
미국은 반민주적 반민중적 전두환 군사정권에 대한
지원을 즉각 철회하라고 요구했다
시기적으로 전두환 정권 말기
양국 정부의 밀월이 벌어지고 있을 때였다

노태우 정권이 들어서면서
한국과 미국 사이에
새로운 시대의 개막으로 기록될 가능성을 보였다
그 배경은 한국내의 정치적 상황변화와
국제정세의 극적인 변화였다
종전 미국의 대한정책의 두 기둥은
반공화(反共化) 민주화(民主化) 였다
민주화 문제는
자유스러운 국민직접선거에 의해 성립됨으로써
정통성·인권·도덕성 등
민주화 이슈를 해소시키게 되었다
국제정치의 변화는
소련을 포함한 공산주의 몰락으로

미국의 대한정책의 전통인 반공화 문제를 퇴색시켰다
국제환경의 변화와 함께
노태우 정권이 추진한 북방정책의 성공은
한반도 안보문제에 관한 미국의 대한개입 수준을
크게 낮출 수 있게 하였다
그대신 등장한 것이 경제문제였다

우루과이라운드

1986년 9월 남미의 우루과이에서
'관세 및 무역에 관한 협정(GATT)' 회의가
여덟 번째 다자간 무역협상개시를 선언했다
이 협상이 '우루과이라운드'라고 한다
미국 주도로 개최된 이 협상에서 다루어진 안건은
농산물분야·서비스분야·지적소유권에 관한 교역문제 등
종전의 안건에다가 금융·정보통신·건설 등을
새로운 협상항목에 넣었다
미국을 중심으로 한 '범세계적 자유무역질서의 확립'을 통해
'샌프란시스코에서 블라디보스토크까지' 연결하는
미국의 영향권을 고수하겠다는 강력한 의지표명이
바로 레이건이 주장한 '팍스 아메리카 건설'이다
레이건은 소련의 고르바초프의 군축안에 동의하여
전후 냉전적 구조를 봉쇄하는 평화외교를 전개하기 시작해
그의 인기가 상승하게 되었고
한미 간의 갈등은 주로 정치문제가 아닌
통상관계에서 빚어지고 있었다

페레스트로이카

1917년 러시아혁명으로 마르크스주의를
신봉하는 최초의 국가 공산국가가 탄생했다
소비에트연방(소련)의 설립자인 레닌이 1924년 사망하고
권력투쟁에서 승리한 스탈린이 독재권력을 장악하면서
많은 사람들이 숙청되는 공포정치가 시작되었다

제2차 세계대전이 끝나면서
소련은 미국에 버금가는 초강대국으로 탄생하였다
군사력에 의해 강대국이 됐지만 세계대전을 통해
소련은 많은 인명손실과 국토의 황폐화로
경제는 붕괴상태에 처했다
그럼에도 불구하고 패전국에서 약탈해간 기계와
배상금에 의해 경제는 회복되었다
이는 농민을 희생시키고
중공업발전에만 중점을 둔 성장이었다
냉전의 시작으로 군수산업의 생산이 우선시되었고
일반생활용품 생산은 뒷전으로 밀렸다
스탈린의 지배방식에 대해 극도의 불만과
긴장상태가 지속되다가
우리나라에서 6·26전쟁 휴전협정을 하던 해
1953년 스탈린이 사망했다

스탈린이 사망하자 집단지도체제가 들어서고
호루시초프가 제1서기로 선출되었다
호루시초프는 스탈린 비판 등 권력투쟁을 벌이고
수상에 올라 실권을 장악하면서
사회주의 우월성을 믿고 있었다
종래의 폐쇄적이고 억압적인 정책을 수정하면
자본주의를 따라잡을 수 있고
결국 추월할 수 있다고 생각했다
1957년 소련은 인공위성 스푸트니크 1호를 발사한데 이어
우주개발에 미국을 앞지르는 것처럼 보였다
호루시초프는 미국을 방문하여
아이젠하워 대통령과 회담하는 등
우호적인 행동을 취하기도 했으나
1960에 들어와 절망하기 시작했다
공업생산의 정체와 농업의 무리한 증산계획으로
파멸적인 타격을 받기 시작한데가
쿠바에 미사일기지를 건설하려다가
케네디 대통령의 강한 경고로 철수하는 수모를 겪는 등
실정의 연속이었다
1964년 호루시초프는 흑해연안 휴양지에서
휴가를 즐기다가 해임소식을 들었다
코시킨과 브레즈네프를 중심으로 한
소련의 중앙위원 간부회의에서
호루시초프의 해임을 결정한 것이다

개혁은 일시적으로 후퇴하게 되었다

고르바초프를 비롯한 개혁파들은 대부분
호루시초프 시대에 자란 사람들로
비록 브레즈네프·안드로포프·체르넨코 등 수구세력에 의해
소련은 옛날로 뒷걸음질쳤지만
그것은 일시적인 현상이었다
1985년 고르바초프의 등장으로
새로운 사회주의를 위한 개혁이 시작된 것이다
관료주의를 극복하고
경직된 정치·경제를 새로 세우는 작업인
페레스트로이카와 정보를 공개하는 정책을 추진하였다
이 같은 페레스트로이카 정책의 여파로
동구 여러 나라의 민주화운동이 추진되었다
폴란드·헝가리·체코슬로바키아·동독 등
1989년에는 동구혁명이 실현되어 공사권이
몰락의 길로 접어들게 되었다

마르코스 대통령 사망

1989년 9월 마르코스 필리핀 대통령이
하와이 망명지에서 병사하였다
사우디아라비아 제다에서 이집트로 가는 비행기에서 본
영자신문에 마르코스 대통령 사망기사가 실렸다
카이로 박물관에 진열된 미이라와 유물을 보면서
피라미드 내부통로로 올라가
파라오의 시신이 안치되었던 묘곽을 보면서
죽음이란 단어가 따라다녔다

1965년 대통령에 당선된 마르코스는
1969년 압도적인 표차로 재선되었다
베트남전쟁이 말기로 접어들면서
인도차이나반도의 공산화에 대한 우려가 높아졌다
마르코스는 좌익세력에 대해 신경이 날카로워 있었다
말라카낭 궁전 앞에는
"마르코스를 쓰러뜨리자!"란 플래카드를 내걸고
좌파데모가 진을 치고 폭탄테러가 발생하기도 했다
위기상황은 계엄령을 유일한 선택으로 몰고 가
드디어 1972년 9월 23일 계엄령을 선포했다

우리나라에선 그해 10월 17일
대통령특별선언을 발표하고

국회해산·비상계엄 선포
대학교 휴교령을 내리고
10월 유신을 단행하던 때였다
마르코스 대통령은 계엄령을
새로운 개혁의 첫걸음이라 규정하고
불법소지 총포를 압수
부정공무원의 숙청을 시작했다
이런 걸 두고 필리핀에서는
그때가 좋았던 시대로 회상한다고 한다
강권정치를 행한 한국과 대만에 순식간에
경제적 추월을 당했다는 쓰라린 경험으로
필리핀인들은
"국가부흥을 위해서라면 다시 한 번…"하면서
남몰래 계엄령을 고려하자는 목소리가 들린다고 한다

1983년 8월 24일 타이페이에서 출발한
중화항공 811편이 마닐라항공에 도착했다
기내에는 미국에서 3년 만에 귀국하는
50세의 야당지도자 아키노가 타고 있었다
기체가 정지하자 군복차림의 병사 3명이 올라와
아키노의 양쪽 겨드랑이를 껴안고
출구로 데려간 아키노는 총격을 받고 쓰러졌다
필리핀 수사당국은 아키노가 공항직원을 가장한
공산게릴라에게 사살되었으며
범인도 현장에서 경비병들에 의해 사살되었다고 발

표하였지만
이를 믿는 사람은 없었다
그 의혹으로 결국 마르코스 정권은
종말을 고하고 말았다

1986년 2월 민중의 압도적인 지지와 군부의 이탈로
코라손 아키노 정권이 탄생하였다
살해당한 아키노의 부인이 대통령에 당선된 것이다
페르난디드 마르코스 필리핀 대통령은
부인 이멜다와 함께 미국으로 망명을 떠나야 했고
망명 3년 만에 하와이에서 병사했다

월남 난민

1975년 4월 30일 월남이 붕괴되었다
미국 기관과 사이공 정권에서 일하던
사람들이 베트남을 탈출 미국으로 향했다
13만여 명이 미국으로 건너간 이후에도
동란은 계속되었다
베트남과 캄보디아의 전쟁
베트남과 중국의 전쟁 등으로
경제가 파탄지경에 이르게 되었다

1979년에 접어들면서 배를 타고
베트남을 탈출하는 보트피플은 절정에 달했다
1990년까지 베트남을 탈출한 난민은
160만 명이라고 했다 그러는 과정에서
26만 명 학살
11만 명 익사
35만 명이 수용소에서 죽어갔다
월남의 비극이었다
그렇지만 베트남은 1985년부터 난민의
귀국과 투자를 환영하였다
난민이 지니고 돌아오는 외화가 필요했다
1989년엔 인도차이나 난민구제회의에서
난민자격심사제도를 도입하자

베트남과 중국에서의 불법입국자가 급증하였다
홍콩·인도네시아·말레이시아·필리핀·일본 등
9개국에 수용되어 있는 3만8천여 명의 보트피플은
여전히 정착할 곳을 찾지 못해
국제미아로 남았다고 했다

독일 통일

1990년 10월 3일 0시 베를린의
브란덴부르크 문 옆에 위치한 국제회의의사당 광장에
수십만의 인파가 모여들었다
그 앞에는 서독 헬므트 콜 총리와
빌리브란트 전 총리
그리고 동독의 바이츠재거 대통령 데머지에르 총리 등
동서독의 지도자들이 연립해 있었다
광장의 국기계양대에 삼색 독일국기가 계양되고
군중은 일제히 독일국가를 합창하였다
분단되었던 독일이 45년 만에 통일되는 순간이다

제2차 세계대전에서 패한 독일은
미국·영국·프랑스·소련 등 4개국에 의해 분할 점령되었다
수도 베를린도 분할 점령되었다
1949년 5월 서독에 독일연방공화국이
수립되고 그해 10월에는 동독에도
독일민주공화국이 수립되었다
그러자 동독에서 서독으로 피난민이 몰려들어
1952년 동독은 서독과의 국경에 철조망을 설치하였지만
1961년까지 300만 여명의 동독인의 탈주자가 발생

했다

1961년 미국에서 케네디가 대통령이 됐다
1961년 8월 소련의 흐루시초프는
베를린 장벽을 쌓았다
그 후 정치·경제적으로 정체상태에 머물렀던
동독에 비해 서독은 착실하게 부흥했다
'라인강의 기적'을 이룬 서독은
파리협정에 의해 주권을 회복하고
재군비를 하게 되었다
NATO에도 가입하였다
서독의 초대수상 아데나워는 동독을 흡수
합병하려는 힘의 정치를 추구하였다
1969년 수상이 된 부란트는
동구권의 강대국과 새로운 관계를 맺어야 한다는
동방외교를 추진하면서
소련·동구권 여러 나라들과의 화해외교를 하였다
그리하여 서독은 1970년 소련과 무력불사용 협정을 체결하고
1972년에는 양독일협정에 의해 동서독이
상호국가를 승인하고 각기 UN에 가입했다

소련 고르바초프에 의한 페레스트로이카 정책은
동구권 국가에 혁명을 촉발하였다
1989년 10월 9일 라이프치히에서

자유·민주를 외치는 10만군중의 시위로 시작된
동독의 개혁은 11월의 베를린장벽을 허물고 말았다
그리고 1990년에는 꼭 1년 만에 서독으로
흡수통합에 의한 독일통일로 종결되었다

북방정책

1989년 2월 노태우 정권은
공산권국가로는 헝가리와 처음으로 수교하였다
헝가리는 88서울올림픽에 동유럽국가 중
맨 처음으로 참가신청을 했다
그해 11월 노태우 대통령은 유럽순방에서
영국·프랑스·서독·헝가리를 공식 방문했다
한국 대통령이 바르샤바조약 군대를 사열하는
역사적인인 일이 이뤄진 것이다
폴란드·유고슬라비아와도 각각 수교하였다
1990년 3월에는 체코슬로바키아·불가리아
루마니아·몽골과 수교하고
1991년 8월에 알바니아와 수교하였다
1991년 9월 6공화국의 통일청사진
'한민족공동체 통일방안'을
국회연설을 통해 대외에 밝혔으나 북한은
이를 정면으로 거부했다

노대우 대통령은 유럽순방에 앞서
10월 15일 취임 후 처음으로 미국을 공식 방문하여
부시 대통령과 정상회담을 하고
18일에는 미국상하 양원 합동회의에서 영어로 연설하였다

이렇듯 북방정책과 순방외교는
많은 성과를 거두었지만
국내정치상황은 조금도 개선되지 않았다
전민련 등 재야와 운동권의 연대투쟁으로
거리는 여전히 시끄러웠다
이때 문익환 목사 임수경 문규현 신부의
밀입북사건이 차례로 터져나왔다
평양축전에 참가하여 영웅대접을 받은 임수경은
판문점으로 나와 남쪽을 향해 주먹질을 하기도 하였다

3당 통합

노태우의 6공화국은 북방정책의 성과
에도 불구하고 5공화국의 연장선상에서
창출된 정권이란 점과
6·29선언의 일부 허구성이 드러나면서
국민적 지지를 얻는데 실패했다
'보통사람'을 표방한 노태우 대통령이
'물태우' 소리를 들어야 했고 국면전환이
필요하던 때였다
1990년 1월 22일 여소야대를 극복하기
위해 김영삼 통일민주당 총재와
김종필 신민주공화당 총재와 3당 통합으로
새로운 당을 만들겠다고 선언했다
녹초가 된 민심에 희망의 빛이 보이는 듯
반갑기까지 하였다
3당 통합은 빠른 속도로 추진되어
5월 9일 3당을 통합해 민주자유당(민자당)이 탄생했다

천안문 사태

1989년 루마니아 차우세스쿠 대통령이 처형되었고
일본국왕 히로히토의 사망
독일 베를린장벽 붕괴
소련에서는 첫 의회자유선거가 실시되는 등
큼직한 뉴스가 쏟아져 나왔다
이번에는 중국에서
천안문사태
천안문학살사건
6·4사태라고도 하는 큰 사건이 터졌다
1989년 6월 4일 중국이 민주화를 요구하며
천안문광장에서 연좌시위를 벌이던 학생과
시민 10만여 명에게 등소평(鄧小平)은
해방군을 투입하였다
전차와 군수송차량이 시위군중 속으로 돌진
무차별사격으로 많은 사상자가 발생했다
공식집계는 319명
비공식집계는 3천6백여 명이 목숨을 잃었다

천안문 무력진압은 1966년부터 10여 년간
중국대륙을 혼돈으로 몰아넣었던
모택동의 문화혁명(文化革命)을 겪으면서
반당·반사회주의·반혁명·자본주의 앞잡이 등의

비난을 받으면서 숙청되어 신체적 고통을 받았던
등소평(鄧小平)을 비롯하여
당원로 실권파들이 내린 결정이었다
이는 불행한 전철을 밟지 않으려는
판단이 깔려있었다
등소평은 문화혁명의 가장 큰 피해자 중 한 사람이
었다
자신은 권좌에서 숙청당하고
10여 년간 연금상태에 있었고 그의 아들은
홍위병에 의해 지붕에서 떨어져 불구가 되었다
등소평에 있어서 문화혁명은 잊을 수 없는
아픈 상처로 남아있었다

그러나 등소평은 모택동을 평가함에 있어
3년 동안의 심의기간을 가진 뒤
모택동의 과(過)보다는 더 큰 업적을 인정함으로써
천안문광장에 서있는 모택동 동상을 그대로
유지하게 하였다
등소평은 그런 합리적인 생각으로 정치안정을 이루고
박정희식(朴正熙式) 경제발전에 주력해
현재의 중국으로 방향을 잡아가고 있었다
그래서 그는 작은 거인으로 평가되고 있다
천안문사태는 보수 강경세력들에게는
공산당 일당독재에 의한 사회주의 건설을 재확인하고
체제강화의 기회로 받아들여졌다

진보자유주의 세력들에게는
중국공산당 일당지배체제에 대해
정치적민주화를 요구하는 첫 발을 내디딘 셈이었다
그러나 등소평은 중국인들의 민주화 요구를
전차로 압살 정치발전을 유보하고
경제발전을 우선순위로 하였다
천안문의 도살자 민주화의 역행자 등
그를 폄하할 수 있는 빌미를 주었지만
그의 후계자들과 중국인들은 등소평의 업적을 부각하여
미래건설에 진력하고 있다
지금 중국은 우리와 중요한 교역국가가 돼
서로 협력하며 살아가고 있다

한소정상회담과 UN가입

노태우 대통령은 일본을 처음 방문하고 돌아오자
소련의 고르바초프 대통령으로부터
한소정상회담 제의를 받았다
이 제의에 따라 1990년 6월 4일 미국 샌프란시스코
에서
역사적인 한소정상회담이 열려
이 회담에서 양국수교에 합의하고
9월 30일 정식외교관계를 수립했다
동유럽에서 시작한 변혁의 바람과
한소관계의 급격한 진전 앞에서
북한도 변하지 않을 수 없었다
강영훈 국무총리를 수석대표로 하는 우리 대표단과
연형묵 총리를 수석대표로 하는 북축대표단이
서울에서 만나 분단 이후 처음으로
남북간 정부차원의 공식대화가 시작되어
1991년 가을 남북관계에 큰 변화가 왔다
북한이 고집을 버리고 대한민국과 함께
UN에 동시가입을 하고
노태우 대통령은 9월 24일
UN총회에서 기조연설을 하였다

소련의 해체

1990년 6월 4일 샌프란시스코에서
세계 공산주의 종주국 소련의 고르바초프 대통령과
아시아 냉전구도의 한쪽 교두보였던
한국의 노태우 대통령이 대좌했다
회담자체가 갖는 그 성격도 놀라운 일이지만
이를 추진해낸 과정을 살펴보면
어느 외교관들도 흉내 내기 힘든 무모함과
성취욕이 짙게 깔려있었다고 했다
6공화국이 최대 역점사업으로 내건 북방외교도
이 정상회담의 성사를 계기로 본궤도에 오르게 되었다
6공화국 외무실무진들은
샌프란시스코 정상회담을 '성공한 모험'으로 치부한다
고르바초프의 페레스트로이카 정책을 적극적으로 평가하면서
한반도 평화정착을 위한
양국의 공동노력과 의지를 천명한 것으로
그 내용을 압축할 수 있다
이때의 비밀교섭에서 약속한 30억$ 차관공여는
한소관계의 두통거리로 작용하게 되었다
1991년 8월 19일 새벽 소련공산당의
강경파들이 크렘린궁을 장악하자
보리스 엘친 러시아공화국 대통령은

출동한 시위대 진압탱크 위에 올라가 외쳤다
"독재의 먹구름이 온 나라에 몰려오고 있다
이 먹구름이 영원한 어둠을 가져오지 못하도록 해야 한다"
시민들의 저항으로
소련공산당 강경파의 쿠데타는 결국 실패하고 말았다
이를 계기로 공산당은 급격히 쇠퇴하고
1991년 연말 소비에트사회주의공화국연합(소련)이 해체되었다

한중수교

1992년 8월 24일 역사적인 한중수교가 체결됨으로써
노태우 대통령의 염원이었던 북방정책은 완결되기에
이른다
11월 17일엔 옐친 러시아 대통령이 방한해
부시 미국 대통령과 미야자와 일본총리의 방한으로
시작된
1992년은 우리외교사에 특기할 만한 해로 기억되고
있다
서울에는 미국·일본·중국·러시아 등
한반도의 운명과 밀접한 관계를 가진 나라의 공관이
개설되고
한국 대통령이 이들 4개국 정상들과 한 차례씩 회담
을 한 해이기 때문이다
노태우 대통령 재임 중 한국은 모두 41개국의 나라
와 새로 수교를 하였다
냉전시대엔 가볼 수조차 없던 세계의 반쪽을 되찾은
셈이다

1991년 봄에 지방자치단체가 부활하였다
장면 내각이 붕괴되고 30년 만의 일이다
1992년 9월 18일 노태우 대통령은
우리 정치에서 선거의 공정성시비를 종식시키고

민주주의를 한 단계 더 높이기 위해
공정한 선거관리를 위한 중립내각을 구성하고
당적을 떠나겠다고 선언했다
여야 모두가 노 대통령의 결단을 환영했다
노 대통령은 10월 8일
현승종 중립내각의 총리로 하는 개각을 단행하였다

88서울올림픽을 성공적으로 끝내놓고
우리사회는 급변해가고 있었다
우리가 금방 부자가 된 듯 눈꼴이 사납게
시건방져가고 있었다
이를 본 외국인들은 샴페인을 일찍 터뜨렸다고 했다
1992년 10월 13일 제159회 정기국회에서
원내교섭단체 민정당 대표연설을 통해
김영삼 대통령후보는 '한국병'을 언급하기도 했다
"지금 이 땅은 권위와 질서가 무너지고
사회기강이 해이지면서
무책임의 풍조가 만연하고 있습니다
과소비와 사치가 기승을 부리며
황금만능주의가…" 등등

한국병 중에 중증을 짚지 못한 게 있다
5·6공 집권 12년 동안 시위학생들의 퇴로를 막아놓은 것이다
쥐도 막다른 골목에서 고양이를 문다고 했다

시위학생들이 갈 곳이 없었다
출판사·학원강사·노동현장·국가고시로 몰렸다
내가 첫 수필집 『인간적인 것이 그립다』를 출간할 때
2천여 개의 출판사가
1990년대 들어선 2만여 개로 급증하면서
불온서적이 대량으로 출판되어 사회문제가 되었다
학원가가 좌경화되었다
노동현장의 노조가 강화되었다
사법부가 좌경화된 것도 이때부터다
민변출신 대통령이 두 명이나 탄생하지 않았는가

5부

끝나지 않는 전쟁

김영삼 대통령

1990년 1월 22일
노태우·김영삼·김종필 3인은 손에 손을
마주잡고 민주자유당의 출범을 알렸다
전당대회 직전에 3인은
내각책임제 개헌에 합의하고 각서를 만들었다
그러나 김영삼은 그 약속을 파기하고
6공화국의 황태자로 불리던 박철언을 물리치고
그 여세를 몰아 박태준 김종찬을 따돌리고
1992년 5월 19일 민자당 대통령후보가 되었다

1992년 12월 18일
제14대 대통령에 당선된 김영삼은
19일 기자회견에서
"우리는 명실상부한 문민정부를 창조해냈습니다
무엇보다 이번 선거는 헌정사상 유례가 없는 공명선거를 통해
선거문화의 새장을 열고 정통성을 확보했습니다"
1993녀 2월 25일 대통령에 취임식에선
"문민정부의 정통은 상해임시정부"
국민에게는 고통분담을 역설했다
특히 가진 사람에게 괴로움이 될 것이라 강조했다

대통령 취임 100일 기자회견에서는
“5·16은 분명히 쿠데타라고 생각하며
우리 역사를 크게 후퇴시킨 큰 시작이었다고 생각한다”
우군도 적군도 없는 무차별공격을 개시해
남북분단과 이념대결장이 되고 있는 한반도에서
우파와 좌파도 구분 못하는 문민정부가 자제력을 상실한 채 출발했다

토사구팽

1993년 2월 27일 김영삼 대통령은
스스로 자신의 재산을 공개하겠다고 선언해
황인성 국무총리 이회창 감사원장 김종필 민자당 대표
국회의원 장차관 등도 재산을 공개하고
공직자윤리법이 생기면서 여러 사람이 옷을 벗었다
김영삼 대통령은 일체의 정치자금을 안 받겠다고도 하였다
1993년 8월 12일에는 '개혁 중의 개혁'이라며
정치와 경제의 검은 유착을 근본적으로 단절한다고
금융실명제 실시를 기습적으로 선언해
그의 인기는 급상승했다
이 나라에는 오직 김영삼만이 진리였다
그러나 얼마 후 그를 밀었다가 쫓겨나는 사람들은
쫓겨나면서 토사구팽이라 항변하였다
날쌘 토끼가 죽으니 사냥개는 소용없어 삶아 먹는다는 뜻으로
쓸모 있는 동안 부림을 당하다가
소용이 다하면 버림을 받는다는 말이다

노태우 대통령 구속

정치자금 공방이 한창일 때 DJ는
노태우 대통령으로부터 20억을 받았다고
자수해 온갖 질타를 받았다
이제 김영삼 대통령이 입을 열 때였다
여당후보였던 그는 천문학적 액수를 받았으리라 생각하는 것은 상식이었다
그러나 YS는 끝내 돈 받은 적 없다고 딱 잡아떼었고 노태우
전 대통령은 입을 열지 않고 감옥으로 들어가 아직까지도 사회와는 단절하고 있다
당시 유비통신에 의하면 전두환 비자금을 비롯해
YS는 노태우 전 대통령에게 600억을 요구했다가 거절당했다는 등
후문만이 무성한 때였고
YS에 대한 믿음은 아들 김현철 소통령에 이르러 산산 조각나고
분열과 증오의 정치가 시작되었다는 것이
당시의 사회분위기였다

김현철 구속

측근인 홍인길이 "나는 깃털이다"라고 떠드는 바람에 생긴 위기도
검찰조사에 무혐의로 끝나는 듯했지만
다른 복병이 나타났다
김현철과 절친했던 박경식이 공개한 비디오테이프에서
김현철이 YTN과 고속도로 휴게소 입찰에 개입한 흔적이 드러났고
그러던 차에 대선 전에 한보 정태수 회장에게서 150억 원을 받은 사실이 밝혀져
김현철이 구속 되었다
김영삼 대통령의 '깨끗한 정치'도 망신을 당했다
김현철은 아무런 직책도 가진 것 없이
대통령의 아들이라는 단 하나의 이유로
국가대사를 제멋대로 주물렀다고
국민들은 생각하고 있었다

외톨이 YS

안기부장 권영해 1차장 오정소 등
안기부 핵심인물이 모두 김현철의 사람이었다고 한다
이때 '군화대신 등산화'란 말이 유행했다
개혁의 깃발을 든 사정의 칼날이 겨눈 것은
영락없이 YS의 정적이었다
그에게는 금융실명제마저도
정적을 제거하는 수단으로 이용해
처음부터 개혁 같은 건 없었었다
YS의 '역사 바로 세우기'도 대구경북 사람들에게는
정치보복이었을 뿐
전두환 대통령이 감옥으로 들어간 것은 차치하고
3당합당 약속을 깬 YS는 JP와도 결별하고
차기 대선에 출마하는 이회창 후보와도 갈등을 빚었다
나중에는 아들 현철을 비난하는 상도동
가신 등 측근들이 모두 그의 곁을 떠났다
좌청룡 우백호에 비유해 좌동영 우형우로 불리던
김동영이 사망하고 최형우가 열을 받아 쓰러져 중풍
환자가 되었다

일하기 싫은 풍조

88서울올림픽 이후
우리나라도 각 가정에 자가용을 한 대씩 보유하게 되었고
세계여행이 유행처럼 번지면서
일하기 싫어하는 풍조가 생겨나 외국노동자를 끌어들여와
또 다른 사회문제가 되었다
그동안 한국을 아시아의 4룡(四龍)으로
대만·홍콩·싱가포르와 함께 성공한 사례로 꼽아왔는데
이후 한국은 토룡(土龍-지렁이)이라는 야유를 받아야 하는 지경까지에 이르렀다
네팔인들이 명동성당에서 농성을 했다
"우리들은 가난한 나라에서 와 노예처럼 일하고 있지만…
과거 여러분의 조상도 일본에 우리와 같은 일을 겪지 않았습니까
그때를 기억해 주시기 바랍니다"라고 절규했다

김일성 사망

1994년 7월 8일 2시 평양TV는
위대한 수령 김일성 동지께서 급병으로 서거하셨다는 것을
가장 비통한 심정을 온 나라 전체인민들에게 알린다고 보도했다
김영삼 대통령과의 남북정상회담 10여일을 남겨놓고
'흰밥에 쇠고기국' 약속도 못 지키고 간 것이다
'김정일은 무능하다 북한은 망한다'
이런 소리가 떠돌면서
이때를 전후해 300여만 명이 아사했다는 소문이 돌았다
김정일은 아버지 사망 후 나타나지 않고
3개월 뒤에 조선노동당 총비서로 추대되었다가
1997년 주체사상의 대가 황장엽이 남으로 망명해 온 뒤
1998년 9월 5일 최고인민회의에서 국방위원장에 추대되었다

사고공화국

민주투사라고 해서 정권을 맡겨주면
정말 민주사회가 되는 줄 알았다
아니 그렇게 되기를 간절히 바랐지만
현실은 반대였다
깨고 부수고 하다 민주화는 뒷전이었다
여의도광장을 파헤치고
중앙정보부와 남산외인아파트를
나중에는 조선총독부 건물이 폭파됐다
덩달아 성수대교가 무너지고
삼풍백화점이 폭삭했다
대구지하철 공사장 폭발
외도 앞바다에선 400명을 태운 페리호가 침몰하고
괌도에 하강하던 KAL기가 산허리에 처박혔다
이어 부산의 열차사고 등
문민정부는 사고공화국이란 야유가 나왔지만
이건 나와는 관계없는 과거정권이 만들어놓은 것이다
전두환·노태우 대통을 감옥에 가둬 놓고
인도네시아를 방문한 김영삼 대통령
"나는 돈을 한 푼도 받은 일이 없다"
온 집안이 동원돼 인도네시아의 돈을 걸태질해
나라가 뒤숭숭할 때였으니
수카루노 대통령 앞에서 할 소리는 아니었던 것 같다

수행한 참모들은 또 무슨 실수를 할까
노심초사했다는 후일담이다

갱재 갱재하면서

1992년 12월 18일 대통령선거 유세에서
국민당 대선후보였던 현대그룹 정주영
회장으로부터 '갱재 갱재'하면서
무슨 국가경제를 알겠느냐는 야유성 발언에
보복성 세무사찰이 시작됐다
우리나라 수출액의 11%를 차지하고
연간 매출액 44조원(92년 국가예산 33조원)의
비중 있는 현대그룹이었다
창립 45년 만에 최대 위기라는 말에도
승자의 아량과 관용이 아쉽다는
여론이 빗발치는 가운데
1997년 1월 재계 14위 정태수의 한보가 무너졌다
3월에는 26위 삼미가 5월에는 한신공영이 진로도 위기를 맞았다
재계 8위인 기아가 34위인 대농이 부도를 맞았다
10월에는 쌍방울 바로크가구 태일정밀 등이 쓰러졌다
11월에는 해태가 뉴코아그룹 한라그룹 청구건설이 부도를
중소기업은 수도 없이 넘어지고 이게 외환위기의 시작이었다

한국을 탈출하라

1997년 10월 28일

미국의 투자은행 모건 스텐리는 한 통의 보고서를 띄웠다

"긴급! 아시아물(物)을 팔아치워라!"

외국인 투자자들은 대량으로 주식을 내다팔았다

주가지수는 500선이 붕괴되었다

김영삼 정부가 외자유치대책을 발표한

다음날인 11월 5일에는

홍콩 페레그린증권이 보낸 보고서는

"즉시 한국을 탈출하라!"

Get out of Korea now!

1997년 11월 18일 경제부총리 강경식의

후임으로 임창열이 임명되었다

그는 11월 21일 밤

"6·25이후 최대의 국난"을 선포하고

곧 캉드쉬 IMF 총재에게 전화를 걸어

구제금융을 신청하였다

만약에

역사에 가정(假定)은 없다고 했지만
만약에
1997년 12월 18일 실시한 대선에서
제15대 대선에서 당선된
김대중 대통령이 1992년 12월 18일
제14대 대통령으로 당선되었다면
또 평생동지를 외친 5·6공이 전리품격인
그토록 많은 뒷돈을 챙겨 치부(致富)하지 않았다면
우리 역사는 이렇게 망가지지는 않았을 거라고 생각
해 봤다

사형수 김대중

1980년 5·18당시 사형수 김대중은
"내가 죽더라도 정치보복은 없어야 한다"
"나에 대한 악을 행한 사람들을 일체 용서하겠다"고도 했다
1987년 선거 때도
"춘향이의 한은 이도령을 만나는 것으로 풀어지는 것이지
보복을 해서 풀어지는 게 아니다"라고 했다
1997년 김대중은 대통령이 되었다

자정능력

자본주의는 왜 망하지 않았을까
변했기 때문에 살아남을 수 있었다
자정능력(自靜能力)이 있어서다
혁명가들의 공산국가는 무너졌다
자정할 능력이 없었다
신주류(新主流)가 된 문재인 정권은
자정능력을 키워야 할 것이다

김종인 비대위원장

미래통합당 김종인 비상대책위원장이
6월 2일 통합당 국회의원들과의 첫 대면식에서
“간곡하게 부탁드린다
불만스럽더라도 과거의 가치관에서 떨어지는 일이 있어도
시비를 너무 걸지 마시라”
“파괴적 혁신을 하지 않으면
나라의 미래도 밝지 않다”
“지금 코로나 바이러스로 우리가 한 번도 겪지 못한
이상한 상황을 겪고 있는데
특단의 초치를 취하지 않으면 상황극복이 굉장히 어렵다”고 했다
“총선 결과가 매우 실망스럽다
이런 상황에서 2022년 3월 9일 대선을 맞이하게 되면
당이 어떻게 될 것인가 하는 생각을 한다”며
“대선에 적절하게 임할 수 있는 준비 절차를 마치면
제 소임은 다한 것”이라고 말했다

거대 여당의 완력

177석 거여(巨與))가 완력을 내보이고 있다
6월 2일 더불어민주당은 미래통합당을 배제한 채
6월 5일 오전
10시를 명기한 국회소집요구서를 제출하면서
21대 국회임기 시작 후 첫 회의를
제1야당 참여 없이 진행한 전례는
1994년 국회법 개정 이후 없었는데도
민주당 의원총회에선 만장일치로 추인했다
주호영 미래통합당 원내대표는
"일방적으로 의장단을 선출하고
5일 개원을 강행하는 것은 분명한 위법이며
묵과하지 않겠다"며 히틀러의 나치도
법대로 했다는 불쾌감도 피력했다

트럼프 폭동진압

코로나19로 10만 명 이상이 사망하는
비상시국에 엎친 데 덮친 격으로
백인경찰이 비무장 흑인 남성 조지 플로이드를 과잉 진압해 사망한 사건으로
인종차별 반대 시위가 일주일째 이어져
방화 약탈이 전국으로 확산되고 있다
미국 워싱턴DC 시위현장에 군용헬기가 투입돼
저공비행하며 시위대를 위협해 해산시키고 있다
지금 우리는 5·18광주항쟁 헬기사격 논란으로
전두환 전 대통령이 법정에서
판결을 기다리고 있는데…

역사전쟁의 서막

177석의 거여 더불어민주당이
'역사 바로 세우기'입법에 속도를 내고 있다
"잘못된 현대사 왜곡을 바로잡아야 한다"는
지도부 지침에 입법역량을 집중하는 모습이다
'국민화합 기여' 취지라곤 하지만
학문의 자유를 침해할 수 있고
불필요한 이념논쟁으로 이어질 수 있다는 비판이 나온다
일제강점기 전쟁범죄, 5·18민주화운동
4·16세월호참사 등의 역사적 사실을
부인 왜곡하거나 허위사실을 유포할 경우
징역·벌금형에 처하도록 한
역사왜곡금지법을 발의해 놓고 있다
그러나 광주시민단체협의회는 6월 3일 논평에서
"아직 역사적 평가가 제대로 이뤄지지 않은 사건들이
포함된 법안이 상정되면 불필요한 역사논쟁과 이념전쟁을 유발할 것"이라며 법안 철회를 촉구했다

김여정의 경고

김정은 북한 국무위원장의 동생
김여정 노동당 제1부부장이
6월 4일 탈북민 단체의 대북 전단(삐라) 살포에 대해
"똥개들이 기어 다니며 몹쓸 짓만 하니
이제 주인에게 책임을 물어야 할 때"라며
9·19남북관계 군사합의 파기를 위협했다
이에 청와대가 대북전단 살포는 "백해무익"이라고 했고
통일부 국방부는 잇따라 대북전단 살포중지를 촉구하고 나서면서 논란이 일고 있다
탈북자 단체인 자유북한운동연합 박상학 대표는
"6·25전쟁 70주년을 맞아
또다시 전단 100만장을 북한에 뿌리겠다"고 했다
이 단체는 "4월 30일에도 북한 출신
인사 2명이 21대 국회의원에 당선됐다는
내용의 전단을 북한으로 살포했다"고 전했다

코로나19 시대

코로나19로 인한 일자리 충격은
세대를 가리지 않는다
하지만 청년에게 훨씬 강해
1983년 이후 가장 낮다는 통계다
문제는 1997년 IMF외환위기 때와
2008년 글로벌금융위기 때보다
훨씬 절망적인 시간을 보낼 수 있다는 우려다

문재인 대통령 퇴임 후
양산 평산마을로 간다…
사저부지 매입에 이어
경호부지 매입비도 10억원 이상 들었고
인근엔 3대사찰인 통도사가 있다
문 대통령 내외는 4월 29일
하북면 지산리 363-2~6번지
5개필지 2,630평방미터(약 795평)의 부지를 매입했다
양산시 관계자는
"지산리라는 명칭은 진시황이 영생을 위해 불로초를 구하러 왔다가 이곳에서 영지버섯을 구했다고 해서 붙여진 이름"이라며 "풍수지리가 좋다고 알려진
땅이 나오기를 기다리는 이가 많은 곳"이라고 말
5·18망언을 처벌하자고?

여당이 한국판 홀로코스트 부정법을 만들 모양이다
광주민주화운동에 대한 망언과
가짜뉴스가 판치는 걸 좌시할 수 없다는 거다
독일·프랑스 등 16개국에서는 유대인 학살(호로코스트)과 같은
반인륜 범죄를 부인하거나 축소·옹호하면 처벌한다
이를 모델로
'5·18 민주화운동특별법 개정안'을 제출했다
"부인·비방·왜곡·날조 또는 허위사실을 유포하면
7년 이하의 징역 또는 7천만원 이하의 벌금에 처한다"는 게 골자다
1990년대 유럽에서 홀로코스트 부정법이 태어난 데는
특별한 사정이 있었다
제2차 세계대전 이후 50여년이 지나자
전쟁기억이 희미해지면서
'신나치즘'이 기승을 부리기 시작했다
홀로코스트로 학살당했던 유대인들이
다시 위기에 몰린 것이다
이래서 독일 정부는 역사부정에 관한 처벌 규정을 신설했던 것이다

제2차세계대전 이후 세계 경제성장률이
-5.2%로 최악이라고 하는데
아무리 반기업정서가 심한 나라 대한민국이라지만
경영권 승계 문제로 삼성그룹 이재용 부회장의 구속

영장을 신청한 검찰
영장을 기각한 법원
이 무더위에 구치소에서 밤을 지새운
재벌 총수의 참담한 심정을…?
문재인 대통령은 그동안 대기업을 방문해
기업하기 좋은 환경을 만들겠다고 약속해왔고
지금은 그의 지적대로 전시경제에 준하는
비상시국에
2020년은 6·10항쟁 33돌이다
1987년 6월 10일 대학생들로부터
시작된 시위는 도시직장인 넥타이부대
학생과 주부 노인들까지 합류하면서
민주화·군부퇴진·직선제 쟁취라는 성과를 거두었다
문재인 대통령은 10일 기념식에서
이한열·박종철·전태일 열사의 부모 등
12명에게 국민훈장 모란장을 수여했다
정부가 6월민주항쟁 기념식에서
훈장을 수여한 것은 이번이 처음이다
우리의 과거정권에 대해선 엄격한 문재인 대통령
'북한 인권'에 대해선 말 한마디 못하고
탈북단체들의 대북 전단 살포문제로
김여정이 보내는 경고에 절절매는 이중적
태도가 아이러니하다

백인 우월주의의 상징인

콜럼버스 동상이 꼬꾸라지고 목 잘리고
붉은색 테러를 당했다
백인 경찰관의 잔혹행위로 숨진 흑인
조지 플로이드가 살던
미네소타주 미니애풀리스와 맞닿은 세인트폴에서
6월 10일 아메리카 대륙을 발견한
크리스토퍼 콜럼버스의 동상을 밧줄로 끌어내렸다
우리나라에선 많이 봐온 광경인데 뭘…

김정은·김여정 남매
할아버지 김일성의 권력욕으로 민족상잔의 비극인
6·25전쟁을 치른 남과 북은 기본적으로 대적관계다
하나가 죽어야 끝날 것 같은 체제전쟁은
70년이 된 지금도 끝나지 않았다
2018년 평창 동계올림픽에 김정은의
특사 김여정이 내려와 보여준 김정은의 대남구애는
외견상 전격적이고 파격적이었다
그러나 그동안 얻은 게 없는 김여정은 남측을
향해 '역시 적은 적이다'라고 했다
남조선 것들!
북한이 2인자 김여정의 입을 통해
'대남군사행동'을 공개 예고하며 한반도에
긴장을 고조시키고 있다
김여정은 "확실하게 남조선 것들과
결별할 때가 된 듯하다"고 위협했다

옥류관 평양냉면 주방장까지 비난에 가세했다
“평양에 와서 우리의 이름난 옥류관 국수를 처먹을 때는
그 무슨 큰일이나 칠 것처럼 요사를 떨고
돌아가서는 지금까지 한 일도 없는 주제에
오늘은 또 우리의 심장에 대못을 박았다”고 비난했다
2018년 9월 남북정상회담 당시 평양 옥류관에서
오찬으로 평양냉면을 먹었던
문재인 대통령을 포함한 남쪽 당국자들을
싸잡아 비난한 것이다

6·15선언 20주년의 진풍경!

협치(協治) 아닌 대치(對峙)로 출발한
21대국회 더불어민주당이 상임위원장
18개 독식을 예고하고 있다
20년 전인 2000년 6월 15일
김대중 대통령은 북한 김정일 국방위원장과
6·15공동선언에 합의한 뒤
"대결의 시대에 종지부를 찍었다"고 선언했으나
지금 남북관계는 대결의 시대로 회귀하고 있다
2020년 6월 16일 북한이
개성 남북공동연락사무소를 폭파했다
2018년 판문점선언에서
남북화해의 상징물로 평가받았던 공동연락사무소가
2년 만에 역사 속으로 사라진 것이다
6월 17일 김여정은 '서울 불바다'를
언급하며 또 담화를 냈다
문재인 대통령을 향해
"역스럽다" "비열하고 간특하다" 등 막말을 쏟아냈다
청와대는 "사리분별 못하는 언행을
더 이상 감내하지 않을 것"이라며
정면 대응에 나섰지만
적폐청산을 외치던 문재인 정권이 북한
으로부터 뒤통수를 맞은 꼴이다

김제방 시집

전두환 오판시대

초판인쇄일 2020년 11월 20일

초판발행일 2020년 11월 30일

지은이 : 김제방

발행인 : 김순진

편집장 : 전하라

디자인 : 김초롱

펴낸곳 : 문학공원

등 록 : 2004년 3월 9일 제6-706호

주 소 : 우편번호 03382 서울 은평구 통일로 633
녹번오피스텔 501호 스토리문학사

전 화 : 02-2234-1666

팩 스 : 02-2236-1666

홈페이지 : http://cafe.daum.net/yob51

이메일 : 4615562@hanmail.net

※ 책값은 뒤표지에 있습니다.

※ 저자와의 협의에 의해, 인지는 생략합니다.